Achteruitkijken, vooruitdenken! IT Architectuur de dagelijkse praktijk

Drs. Ir. Maikel J. Mardjan MBM

Colofon

Titel : Achteruitkijken, vooruitdenken! - IT Architectuur de dagelijkse praktijk
Auteur : drs. Ir. Maikel J. Mardjan MBM
Tekstredactie : Fiona Markus
Uitgever : Organisatieontwerp.nl
Cover foto : CC0 Public Domain Image
Versie : 1.0

Geen aanvullende restricties — Je mag geen juridische voorwaarden of technologische voorzieningen toepassen die anderen er juridisch in beperken om iets te doen wat de licentie toestaat.

Voorwoord

Digitale architectuur is een veelzijdig, boeiend maar ook complex vakgebied. Een digitale architectuur is ongrijpbaar. Dit in tegenstelling tot een fysieke architectuur, zoals bijvoorbeeld een gebouw, brug of stad. De directe schoonheid van een esthetisch gebouw, brug of plein ontbreekt bij een digitale architectuur. Digitale architecturen leven in complexe systemen, vaak onzichtbaar en ongrijpbaar. Als er geen problemen zijn met een systeem, blijft de schoonheid lang onaangetast en onzichtbaar.

Veel eigenschappen die voor een architectuur van een fysiek object gelden zijn ook van toepassing op een digitale architectuur. Zonder een doordachte architectuur is de kans op een werkend en te onderhouden digitaal bouwwerk bijzonder klein.

De wondere digitale wereld en de architectuur hiervan, is zichtbaar voor mensen die direct betrokken zijn bij de architectuur, het ontwerp, realisatie, onderhoud of oplossen van storingen. Helaas ervaren vaak slechts enkele mensen de schoonheid van een goed ontworpen digitale architectuur. Tenzij het een systeem is wat veel problemen en frustraties geeft voor gebruikers, zoals een digitaal overheidsloket. Of systemen die niet voor mensen werken, maar mensen tegen werken.

Dit boekje is een bundeling van blogs die eerder op de site: https://Organisatieontwerp.nl zijn verschenen. In ieder artikel ga ik in op een aspect van de wereld achter de digitale architectuur.

IT en het ontwikkelen van een goede, mooie digitale architectuur is nog altijd springlevend. Principes wijzigen niet heel snel. Zo start een goed project altijd met een diagnose, gevolgd door een ontwerp en daarna pas met een implementatie. Vanuit de bedrijfskunde de DOV (Diagnose, Ontwerp & Verandering) cyclus genoemd. Hypes komen en gaan. Dé universele definitie voor wat een IT architectuur nu exact is en waar ontwerpen start is niet vastomlijnd. Maar zeker is wel dat een architectuur altijd een brug dient te slaan tussen bedrijfskunde en informatietechnologie (IT). Organisatieontwerp.nl is het bedrijf waar integraal denken en doen centraal staat. Een architectuur laten maken door ons bedrijf betekent een digitale architectuur die toekomst bestendig is. Maar ook een architectuur waarin nieuwe bedrijfskundige concepten samen komen met de laatste technologische mogelijkheden op IT vlak. En natuurlijk heeft beveiliging en privacy in een architectuur door ons geleverd een meer dan gezonde aandacht. Zie https://Organisatieontwerp.nl voor meer informatie.

Veel dank gaat uit naar iedereen met wie ik ooit heb mogen samenwerken in een IT project. Het samenwerken in boeiende projecten in mooie organisaties met inspirerende mensen zorgt dat ik mij continue kan blijven vernieuwen en hopelijk ook verbeteren.

Van onschatbare waarde voor mij is mijn steun en toeverlaat en liefde van mijn leven: Fiona. Iedere blog heeft zij gelezen, verbeterd en geredigeerd. Nu ik gestart ben met publicaties en blogs in het Engels (www.nocomplexity.com) besef ik mij terdege dat ook Fiona er weer een extra uitdaging bij krijgt!

Juni 2016
Maikel Mardjan (www.organisatieontwerp.nl)

1 Inleiding

IT Architectuur is een vakgebied wat nog altijd veel worstelt met zichzelf. Vele jaren gingen conferenties uitsluitend over de vraag 'wat is architectuur?' en 'Wat is de toegevoegde waarde?'.

Een brede kijk en reflectie op het vakgebied is nodig om te blijven verbeteren. Continue. Gezien de enorme hoeveelheid aan publieke en private IT-debacles is dit ook nog steeds een noodzakelijk kwaad! Het durven stellen van belangrijke vragen en het ter discussie stellen van uitgangspunten en hogere principes is altijd goed. Voor IT-architecten is het goed om soms te kijken naar verschillen en overeenkomsten in andere ontwerpdisciplines. Waarbij niet alleen gekeken dient te worden naar de traditionele 'harde' engineering disciplines, maar ook naar sociale en bedrijfskundige ontwerpvakgebieden.

IT Architectuur: Eenvoudige antwoorden op complexe problemen bestaan niet. Ook niet op technische problemen in de IT. Een succesvolle benadering binnen de IT-architectuur om problemen op te lossen is om inzichten vanuit organisatieontwerp en software ontwerp beter te combineren. Vaak zijn veel IT-problemen organisatieproblemen. Of kan een technisch probleem door een simpele organisatorische maatregel veel goedkoper worden opgelost dan met software. Helaas zijn er tegenwoordig ook meer en meer organisatieproblemen die een gevolg van IT-problemen zijn. Zou dit nog altijd te maken hebben met Conway's wet uit 1968 ('organizations which design systems ... are constrained to produce designs which are copies of the communication structures of these organizations')?

Dit boekje combineert harde IT technische architectuur kennis en bedrijfskundige kennisinzichten. Dit maakt architecten effectiever in het oplossen van problemen waar het eigenlijk om gaat: Maatschappelijke en menselijke problemen. Techniek om de techniek is leuk, maar iemand die de techniek gebruikt is natuurlijk nog veel leuker.

De opbouw van dit boekje is als volgt:
In hoofdstuk 3 zijn blogs gebundeld waarin wordt stil gestaan bij de kern van IT-architectuur. Hoofdstuk 4 is een verzameling verhalen om betere architectuur te produceren. Ofwel methodische hulpmiddelen. In hoofdstuk 5 ligt de nadruk op de relatie tussen architectuur en beveiliging. Hoofdstuk 6 beschrijft nieuwe trends en ontwikkelingen.

2 Architectuur: Wat is dat eigenlijk?

Iedereen heeft een beeld over wat architectuur is. Maar is architectuur voor de digitale wereld te vergelijken met het gebruikelijke beeld over wat we onder architectuur verstaan? Wat doet een IT-architect eigenlijk? Architecten zijn duur en overhead. Tenminste dat zijn geluiden die geregeld te horen zijn bij bedrijven. Maar klopt dit beeld? Veel fysieke bouwwerken worden neergezet zonder betrokkenheid van architecten. Maar kan dit ook bij digitale systemen? Geeft dit extreme risico's? Wat voegt een architect nu daadwerkelijk toe? Gaan architecten wel mee met veranderingen of zorgen zij juist voor verandering?

In dit hoofdstuk wordt antwoord gegeven op een aantal van deze belangrijke vragen.

2.1 Architectuur: Ontwerpen of ontwikkelen?

Een architect kan een architectuur ontwerpen of ontwikkelen. Echter de ontwerp- en ontwikkelingsbenadering zijn twee fundamenteel verschillende benaderingen voor verandering. Het doel van architectuur is verandering. Vaak via IT gecombineerd met procedure- en proceswijzigingen.

Van oudsher sluit de ontwerpbenadering meer aan bij de organisatiekunde. Vanuit een ontwerpbenadering wordt geanalyseerd en beschreven hoe de nieuwe architectuur eruit moet zien. De nadruk ligt bij ontwerpen op iets nieuws, waarbij algemeen geldende regels en methodes worden gebruikt. In extreme vorm is een ontwerpproces een eenmalig lineair proces met een duidelijk doel en slechts een beperkt aantal vrijheidsgraden.

Vanuit een ontwikkelbenadering wordt een organisatie beschouwd als bron van kennis en ervaring, waarvan bij het opstellen van een architectuur zoveel mogelijk gebruik wordt gemaakt. Voordat de architectuur wordt opgesteld worden problemen geïnventariseerd en vervolgens geanalyseerd. Organisatieleden worden intensief betrokken bij de probleemanalyse en de belangrijkste stakeholders geven de nieuwe architectuur zelf vorm.

Het dilemma
Er is een fundamenteel verschil tussen ontwerpen of ontwikkelen van een architectuur. De ontwikkelbenadering sluit meer aan bij de veranderkunde omdat bij ontwikkelen veel meer dan bij ontwerpen rekening wordt gehouden met de sociale en dynamische aspecten die een rol spelen bij het veranderingstraject wat vanuit een architectuur vaak wordt gevraagd.

De ontwerpbenadering is geschikt wanneer het probleem bekend is, er algemeen overeenstemming is over het probleem en de gekozen voor de hand liggende oplossing. In de praktijk blijkt echter pas na het afronden van een architectuur vanuit een ontwerpbenadering dat deze overeenstemming toch niet zo breed gedragen is als gedacht. De ontwerpbenadering is wel zeer geschikt in een crisissituatie wanneer snel actie nodig is vanuit architectuur.

In onderstaande tabel een uiteenzetting van de typische verschillen tussen ontwerpen en ontwikkelen.

ONTWERPEN OF ONTWIKKELEN

Ontwerpbenadering	Ontwikkelbenadering
Organisatie als bron tekortkomingen	Organisatie als bron van ervaring
Nieuw ontwerp met blauwdruk	Verbeteren vanuit bestaande organisatie
Top – down	Gebruik bestaande kennis en inzicht van stakeholders
Oplossingsgericht	Probleemgericht
Stabiele eindsituatie	Gericht op vergroten adaptief vermogen
Eenmalig lineair proces	Voortdurend iteratief proces (agile)
Strakke normen en planning	Flexibele planning en nieuwe normen mogelijk
Exact volgen methodiek en procedures ooit opgesteld voor architectuurproducten	Afwijking mogelijk op gekozen proces voor projectuitvoering
Scheiding ontwerp en invoering	Vloeiende overgangen tussen fasen

Growth
Organisatieontwerp.nl

Bij de ontwerpbenadering is de manier waarop stakeholders worden betrokken vaak via reviews. Bij het volgen van een ontwikkelbenadering zijn er veel meer manieren om stakeholders actief te betrekken bij de ontwikkeling van een architectuurproduct.

Bijvoorbeeld door het opzetten van:
- Interviews met stakeholders;
- Vragenlijsten
- Focus groepen
- Stuurgroepen
- Workshops
- Rollen spellen

In de ideale wereld wordt bij het maken van een architectuur een goed evenwicht gevonden tussen de ontwerp- en ontwikkelbenadering. Door het vooraf analyseren van randvoorwaarden en kaders kan aan opdrachtgevers en stakeholders inzicht worden gegeven over kwalitatieve voor- en nadelen van het architectuurproduct wat wordt gevraagd.

2.2 Noodzakelijke ontwerpcriteria

IT Architectuur is ontwerpwerk. Een architectuur geeft een beschrijving van een toekomstvisie van een organisatie of een systeem. Een goede architectuur is flexibel en vormt geen belemmering voor het ontwikkelen van nieuwe applicaties voor een toekomstvisie. Een bruikbare architectuur is realiseerbaar en geeft harde ontwerpcriteria voor deelontwerpen. Daarnaast is een architectuur zelf ook opgesteld vanuit ontwerpcriteria.

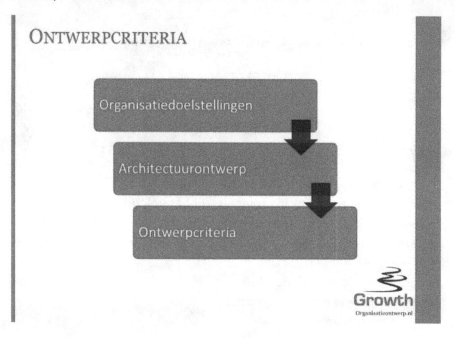

Bij het verbeteren van gegevensverwerkende organisaties is afstemming noodzakelijk met de logistieke doelstellingen. Deze zijn als het goed is bepaald. De effecten van logistieke doelstellingen zijn te vertalen naar de volgende ontwerpcriteria:

- Kwaliteit;

- Kosten;

- Tijd en

- Flexibiliteit.

De factor tijd is van belang om direct goed in beeld te hebben bij het opstellen van een architectuur. De factor tijd wordt helaas nog weleens onderschat bij het opstellen van een architectuur voor een gegevensverwerkend proces. Gevolgen kunnen zijn:

- Ontevreden klanten;

- Opstapelende hoeveelheden werk;

- Extra kosten;

- Lange doorlooptijden;

- Lange levertijden;

- (Te) dure coördinatie;

De factor tijd kan op verschillende manieren worden uitgelegd. Voor een gegevensverwerkend proces zijn te onderscheiden: doorlooptijd, bewerkingstijd, transporttijd en wachttijd.

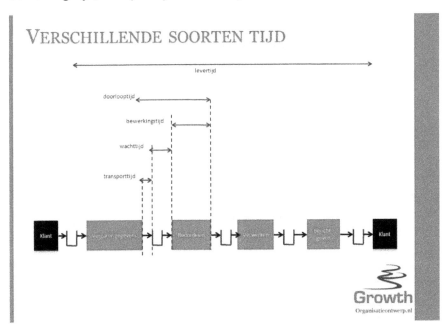

VERSCHILLENDE SOORTEN TIJD

Growth
Organisatieontwerp.nl

Bij het maken van een architectuurontwerp is het cruciaal om exact te weten hoe, waar en wanneer de verschillende soorten tijd een rol kunnen spelen. Ook is het noodzakelijk om exact te weten hoe de ondersteuning in informatiesystemen is of wordt gerealiseerd.

Belangrijk is om goed inzicht te hebben in de oorzaken van een wachttijd. Dit omdat dit direct de snelheid van een proces negatief kan beïnvloeden. Voor een wachttijd zijn verschillende oorzaken:

- Capaciteitsgebrek. Er is geen capaciteit (medewerker, informatiesysteem) beschikbaar voor het behandelen.

- Gegevensgebrek. Noodzakelijke gegevens om de processtap af te ronden zijn er niet.

- Coördinatie. Een processtap moet samen met een andere stap van dezelfde klant worden uitgevoerd. Deze stap is echter nog niet afgerond of gedaan.

- Transport. Het proces moet worden overgebracht naar een andere fysieke locatie (kantoor of handmatig naar een ander informatiesysteem). In de IT speelt altijd iets met latency (netwerkvertraging). Deze is nooit helemaal te verwaarlozen. Wat er ook wordt beweerd.

Een architectuurontwerp dient geen vaag visiedocument te zijn, maar dient een concreet resultaat op te leveren waarbij minimaal realiseerbare ontwerpcriteria volgen voor realisatie van de noodzakelijke functionaliteit. Vanzelfsprekend is bij een architectuur voor gegevensverwerkende processen rekening gehouden met voorziene en onvoorziene wachttijden. Vanuit architectuur worden wachttijden altijd onderzocht vanuit bedrijfskundig perspectief en vanuit niet-functionele eigenschappen die mogelijk kunnen optreden in IT-systemen.

2.3 Governance

Ondanks of wellicht dankzij de economische crisis van 2008 is governance nog altijd een zeer belangrijk onderwerp. Helaas wordt in veel discussies het woord governance nog altijd vaak gebruikt als dé oplossing voor alle IT-problemen waar bedrijven vandaag de dag mee te maken hebben.

Governance is helaas geen simpele oplossing, maar doordat het woord governance vaak wordt genoemd als oplossing voor IT-problemen kan deze indruk ontstaan. Vaak wordt door roepers om governance ook gesteld dat 'het management' het moet regelen. Onderschat wordt echter dat het werkend inrichten van een governance proces een zeer complex en diepgaand verandertraject voor een organisatie is. Ook is het zinvol om onderscheid te maken in welk type governance nodig is.

Ook in een architectuurcontext wordt het woord governance vaak gebruikt. Omdat governance ook voor architectuur van wezenlijk belang is, heeft goverance ook in de Togaf ADM aanpak een prominente plaats.

Voor het woord governance bestaan verschillende definities. Een aantal definities zijn:

- Togaf: 'The discipline of monitoring, managing, and steering a business (or IS/IT landscape) to deliver the business outcome required.' Binnen Togaf wordt onderscheid gemaakt tussen architectuur governance, business governance en operational governance

- ISO/IEC 38500: 'Corporate governance of IT involves evaluating and directing the use of IT to support the organization and monitoring this use to achieve plans. It includes the strategy and policies for using IT within an organization.'

Governance dient als proces beschouwd te worden en IT governance processen kennen andere karakteristieken als business governance processen.

Bijzondere vormen van IT goverance bestaan natuurlijk ook. Een bekend en noodzakelijk proces voor SOA is dan ook SOA Governance. IBM definieert SOA Governance als volgt: 'Control of the lifecycle of services and composite applications in an organizations SOA'

In onderstaande afbeelding zijn de verschillende vormen van governance hiërarchisch weergegeven.

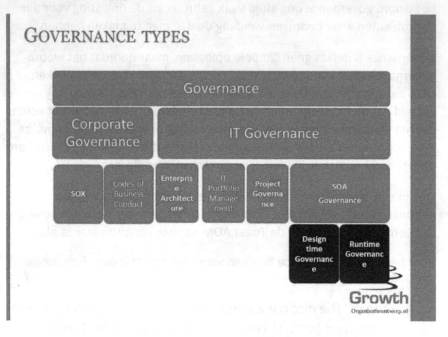

Het meest eenvoudige model waarin de verschillende processen voor IT Governance zijn uitgebeeld is te vinden in IS38500. Hieronder schematisch weergegeven.

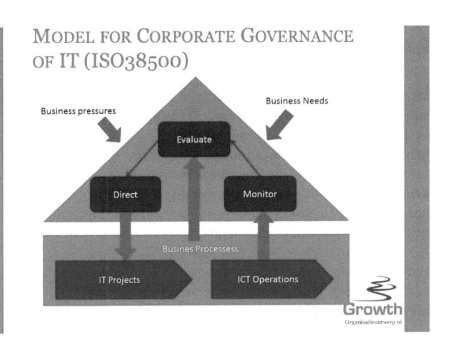

Cruciaal voor governance is het goed bestand zijn en blijven tegen druk van buiten en druk vanbinnen. En transparantie helpt. Ook voor architectuur governance is het van belang om openheid te geven over beslissingen richting interne en externe stakeholders.

2.4 Flexibiliteit met standaardisatie

Standaardisatie is binnen veel bedrijven nog altijd een uitdaging. Op ieder aggregatieniveau binnen een organisatie wordt gelukkig wel gesproken over standaardisatie. Maar verder dan een richtinggevend architectuurprincipe dat stelt dat standaardisatie wenselijk is komt het niet altijd. Vaak moet een standaard worden gebruikt, terwijl nut en noodzaak niet direct duidelijk is. Ook wordt nog altijd gediscussieerd of het gebruiken van een standaard flexibiliteit verhogend of remmend is.

Goede inhoudelijke kennis van standaarden, open standaarden kan een bedrijf zeer flexibel en succesvol maken in het snel toegevoegde waarde halen met IT. Daarnaast kan het goed en juist toepassen van standaarden flexibiliteit verhogen, mits voldoende kennis is over de consequenties van een standaard.

De volgende typen standaarden kunnen worden onderscheiden:
- Standaarden die efficiencyvoordelen geven. Deze standaarden kunnen leiden tot het uiteindelijk voordeliger verwerven van IT-diensten (hardware, software of SAAS oplossingen).
- Standaarden om integratieproblemen te voorkomen. Dit zijn vaak standaarden die als overhead worden ervaren, maar waarvan de afwezigheid allerlei verborgen kosten meebrengt. Zeker wanneer bedrijfsgegevens tussen verschillende systemen moeten worden uitgewisseld, of wanneer data met andere organisaties moet worden uitgewisseld.
- Standaarden voor ontwikkeling en beheer van IT-diensten. Gebruik van dit type standaarden zijn van belang om de performance van beheer en executie kracht van projecten te verhogen. Vaak worden binnen deze standaarden direct een aantal minimale kwaliteitseisen geborgd.
- Standaarden die omzet verhogend werken voor de business. Door het toepassen van dit type standaarden is het mogelijk om backoffice diensten te optimaliseren en toch vele gedistribueerde

front-end kanalen voor verkoop met unieke proposities te ontwikkelen.

Naast deze high-level indeling van standaarden wordt binnen de IT-oplossingen vaak onderscheid gemaakt tussen:
1. Open standaarden en
2. Gesloten standaarden.

Een gesloten standaard is vaak een standaard die door een leverancier is ontwikkeld, slecht koppelt met andere IT-systemen en vaak alleen onder een kostbare licentie door anderen mag worden gebruikt.

Open standaarden zijn er ruwweg in twee soorten:
- Een standaard ontwikkeld binnen een standaardisatie organisatie, waarbij eventuele belanghebbende via een helaas vaak complex proces invloed kunnen hebben. Kenmerk van dit type standaarden is dat ontwikkelingen lang duren en vaak niet optimale inhoudelijke keuzes worden gemaakt door het consensusmodel waarin de standaarden worden ontwikkeld.
- Een standaard ontwikkeld door een bedrijf of persoon en gepubliceerd onder een vrije licentie zodat iedereen zonder kosten de licentie mag gebruiken of aanpassen.

Op lange termijn geeft het gebruik open standaarden vaak altijd significante voordelen voor een bedrijf. Naast dat op bijna ieder denkbaar gebied standaarden beschikbaar zijn, is inhoudelijke kennis nodig om de juiste standaard te kiezen en deze slim in te zetten zodat daadwerkelijk de business doelstellingen worden gehaald.

STANDAARDEN

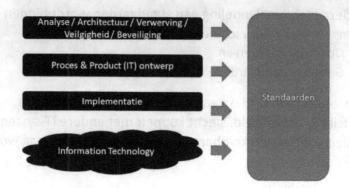

2.5 Model zonder doel?

Een cruciaal onderdeel van architectuur is het modelleren. Een model is een vereenvoudigde afbeelding van de werkelijkheid die voor een bepaald gebruiksdoel wordt gemaakt.
Binnen de IT-architectuur kan een model zeer krachtig zijn. Een model kan antwoord geven op vragen als:

- Hoe gegevens worden vertaald tot informatie voor klanten.
- Hoe gegevensstromen worden bewerkt.
- Hoe het systeemlandschap kan worden geoptimaliseerd.
- Hoe de verschillende objecten in een infrastructuur met elkaar samenhangen.
- Welke stappen van een proces door IT-voorzieningen wordt ondersteund.
- Wat de impact is van verstoringen in de IT op de klanttransacties.

Er zijn vele verschillende soorten modellen. Bijvoorbeeld:
- Beschrijvende modellen.
- Verklarende modellen.
- Voorspellende modellen (bijvoorbeeld kansmodellen, deterministische modellen).

De modelcyclus, ofwel het proces van modelconstructie kent drie hoofdfasen:

1- Abstractie: selecteren van significante relaties.
2- Deductie: na de constructie volgt een analyse van het model die leidt tot bepaalde conclusies.
3- Realisatie: conclusies vertalen in toetsbare uitspraken omtrent het originele systeem.
   - Validatie. Dit betekent toetsen van conclusies uit deductie op validiteit, ofwel: Is het model valide (geldig) is.
   - Implementatie. Als model valide is kan implementeren starten.

MODEL CONSTRUCTIE

Het proces van modelconstructie is een cyclisch model. Hoofdfasen:

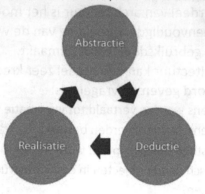

Validatie van een architectuurmodel kan gebeuren door het laten beoordelen van het model door inhoudelijke experts. Deze hoeven niet per definitie betrokken te zijn binnen het project of de organisatie. Sterker nog: In bepaalde gevallen is een externe expert review belangrijker dan een review vanuit betrokken stakeholders.

MODEL CONSTRUCTIE (2)

Het proces van modelconstructie is een cyclisch model. Hoofdfasen:

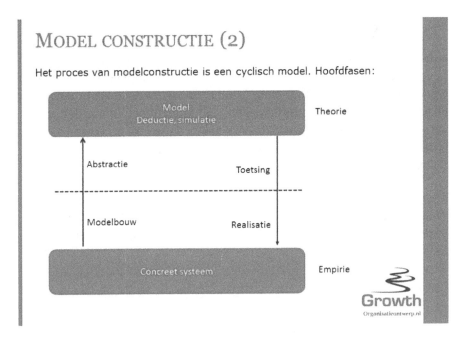

Modelbouw kent bij architectuur een aantal stappen. Kortweg zijn de belangrijkste fasen bij het bouwen van een model:

- Maak voor jezelf duidelijk wat het gebruiksdoel van het systeem is wat je ontwerpt.

- Bepaal de grens tussen het systeem en de omgeving.

- Stel vast op welk aggregatieniveau naar het systeem wordt gekeken.

- Geef aan wat voor aspectsystemen van belang zijn.

- Geef aan welke modelbouwtaal je gebruikt. Naast een formele modeltaal is ook een modelafbeelding mogelijk zonder formele regels, bijvoorbeeld door gebruik van 'rich pictures' om een situatie over te brengen.

- Maak expliciet welk model je kiest:

  o Abstract

- Concreet

Ieder model dat wordt gemaakt om een beter inzicht in de werkelijkheid te verkrijgen houdt direct al een beperking in. Een simplificatie van die werkelijkheid. Vanuit architectuur is het cruciaal om duidelijk te zijn over de genomen modelleringsbeslissingen. Vanuit architectuur worden vaak verschillende modellen gemaakt. Deze geven antwoord op vragen als wat is de werking van de oplossing, hoe hangen de onderdelen van de oplossingen samen en waarmee wordt de oplossing gerealiseerd.

Maar voorop bij ieder model dient te staan: Het doel van het model. Waarvoor en voor wie wordt het model gemaakt. Als het antwoord op deze vraag niet duidelijk is, is ieder model goed of fout, afhankelijk van de toevallige gebruiker.

2.6 Enterprise architectuur of gewoon organisatieontwerp?

Meer en meer wordt duidelijk dat vanuit een 'enterprise architectuur' benadering daadwerkelijk alle facetten van een bedrijfsvoering worden geraakt. Ook in de nog prille wetenschappelijke basis rond enterprise architectuur wordt meer en meer nadruk gelegd op een totaal aanpak die vereist is voor het daadwerkelijk goed neerzetten van een enterprise architectuur. Ook daadwerkelijk toegevoegde waarde halen vanuit een enterprise architectuuraanpak lijkt beter mogelijk met een integrale bedrijfskundige benadering.

Meer en meer wordt ook binnen de enterprise architectuur discipline zichtbaar dat vanuit de bedrijfskundige wetenschappelijke literatuur al veel langer en veel meer kennis beschikbaar is over hoe een organisatie met behulp van technologie blijvend kan groeien.

Zo wordt bijvoorbeeld in wetenschappelijke en andere publicaties voor enterprise architectuur meer en meer aandacht gegeven aan het gebruik van moderne sociotechniek (MST) als hulpmiddel voor enterprise architectuur. Algemeen is bekend dat de kennis rondom open systeem benaderingen veel breder en dieper ontwikkeld zijn dan wetenschappelijke kennis beschreven vanuit het perspectief 'enterprise architectuur'. De moderne sociotechniek is een van de verschijningsvormen die zijn ontwikkeld vanuit het moderne systeemdenken. Systeemdenken is een generieke discipline die bij uitstek veel bruikbare gereedschappen heeft voortgebracht voor het benaderen van onder andere bedrijfskundige problemen, waaronder strategie vorming en implementatie van verbeteringen.

De moderne sociotechniek (MST) is met name vanuit Nederland ontwikkeld door De Sitter in de jaren tachtig. Binnen de MST is technologie slechts een deelverzameling van het totaal aan operaties (het geheel van uitvoerende werkzaamheden) waarover een sociaal systeem beschikt. Binnen de MST staan niet de processen voorop, maar de structuren. MST is een theorie die integrale oplossingen beoogt, dat wil zeggen in één keer voor alle aspecten, en in hun samenhang. De MST kan worden gezien als een theorie die aspect theorieën, zoals op het gebied van logistiek, sociaal gedrag en informatiekunde met elkaar verbindt. Toepassingen van MST leidt (mits goed uitgevoerd) tot een stroomsgewijze productiestructuur, beheerst door en dus gekoppeld aan een vergaand gedecentraliseerde besturingsstructuur, met bovendien congruente ondersteuningssystemen.

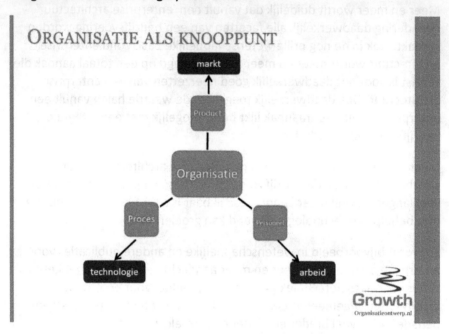

Veel EA trajecten lopen in de praktijk nogal eens mis. Architectuurvisies worden niet begrepen of na zeer langdurige implementatietrajecten blijkt de winst voor een organisatie verdampt. De beoogde flexibiliteit is er nog steeds niet, medewerkers produceren niet meer of zelfs minder en zijn in het ergste geval nog ongelukkiger met de nieuwe systemen dan zij waren met de oude. Denk aan IT systemen in de zorg of IT systemen voor politie. Helaas zijn er nog altijd te veel voorbeelden van niet succesvolle architectuurtrajecten.

De belangrijkste verdienste van de sociotechniek is dat direct duidelijk is dat productiebeheersing en arbeidsorganisatie niet los van elkaar beschouwd kunnen worden. Architecten die serieus werk willen maken van een holistische aanpak voor organisatie en IT ontwerp of slimme systemen voor slimme mensen willen maken doen er verstandig aan om zich de ontwerpregels van MST en andere open systeem benaderingen eigen te maken.

2.7 De waarde van informatie

Architectuur gaat over informatie. Niet voor niets staat de 'I' in IT voor informatie. Maar wat is informatie eigenlijk in een architectuurcontext?

Informatie moet een toegevoegde waarde hebben. Door big-data ontwikkelingen en de enorme kracht van die BI systemen tegenwoordig hebben is er een veelheid aan extra informatie uit een eenvoudig informatiesysteem te halen. Maar wordt besluitvorming hier ook beter van? De kosten dienen namelijk wel in verhouding te staan tot de baten, ondanks dat de IT component van opslagkosten van data zeer laag zijn.

Binnen architectuur en beveiliging spelen vaak complexe besluitvormingsprocessen waar informatie cruciaal is. Een theorie waarin het kosten-batenvraagstuk bij de waarde van informatie naar voren komt is de behavioral theory van organisaties. Deze theorie gaat ervan uit dat diverse participanten een rol spelen binnen een organisatie, waarbij iedere participant een eigen doelstelling kan hebben. Participanten kunnen medewerkers binnen een organisatie zijn, maar ook overheid, klanten en toeleveranciers in de keten. De vraag om de waarde van informatie te bepalen is te vertalen naar het oplossen van een probleemstelling, waarbinnen een oplossing wordt gevonden die recht doet aan de doelstellingen van alle verschillende betrokken participanten.

Als er geen oplossing duidelijk voor handen is die voldoet voor alle participanten, start vaak een zoektocht naar nog niet bekende, betere alternatieven. De 'behavioural theory' verzet zich tegen strikt rationeel handelen. Wel wordt binnen deze theorie erkent dat een beslissing moet worden genomen op basis van imperfecte informatie. Enkele redenen hiervoor zijn:

- De gewenste gegevens zijn niet snel genoeg te vinden.

- De gewenste informatie bestaat (nog) niet.

- De kosten om de gewenste informatie te verkrijgen zijn zeer hoog.

Uitstellen van een beslissing omdat er niet voldoende of onvoldoende betrouwbare informatie is kan niet altijd. Vaak zijn er nog grotere kosten verbonden aan het niet tijdig nemen van een besluit.

Ook binnen architectuur en IT beveiligingsvraagstukken worden veel besluiten genomen op onvolledige of niet geheel zekere informatie. Dit betekent dat een besluitvormingsproces en een besluit niet strikt rationeel genomen kan worden. Zeker binnen complexe architectuurvraagstukken is het een zonde tijd om te werken aan een allesomvattend beslissingsmodel waarin allerlei soorten beslissingen rationeel genomen kan worden.

Extra informatie heeft daarom alleen waarde wanneer deze extra informatie leidt tot een andere en betere beslissing dan zonder deze extra informatie. Informatie is niet gratis, bij besluitvorming bij complexe architectuurproblemen dienen kosten en baten bij een vraag om extra informatie dan ook expliciet gemaakt te worden. Hier is vaak een rol voor een architect weggelegd die de probleemstelling pluriform benaderd.

2.8 Elkaar bezig houden

Architectuur is in meer en meer bedrijven echt volwassen aan het worden. Ondanks of wellicht dankzij een enorme veelheid aan methodes, methodieken en soorten architecten is bijna iedere organisatie doordrongen van het feit dat architectuur direct en indirect bijdraagt aan verbetering van het bedrijfsresultaat.

Met het succes van de architectuurrollen en processen binnen organisaties liggen natuurlijk ook gevaren op de loer. Vanuit de bedrijfskunde wordt nog weleens verwezen naar de wet van Parkinson. In 1955 publiceerde professor C. Northcote Parkinson een berucht artikel in het 'The Economist' over een wetmatigheid die hij had ontdekt bij het observeren van Britse instituties. De wetmatigheden zijn tweeledig en staan bekend als de wet van Parkinson:

- Een manager wil, in plaats van meer rivalen, meer ondergeschikten.

- Een manager creëert werk. Ofwel managers houden elkaar bezig.

Daarnaast heeft Parkinson in zijn werk gewaarschuwd voor het disproportioneel tijd besteden aan triviale zaken. Ofwel de tijd nodig om te werken aan een taak neemt toe zolang er tijd voor is.

Als de wet van Parkinson wordt vertaald naar architectuurprocessen is het dus oppassen voor de volgende symptomen:

- Architecten die nieuw werk creëren. Met name werk en activiteiten waarvan de directe en indirecte toegevoegde waarde voor een bedrijf moeilijk uit te leggen is.

- Vanuit nieuwe architectuurprocessen wordt een veelheid aan architectuurrollen gedefinieerd waar veel architecten voor moeten worden ingezet om de processen te realiseren. Denk aan rollen als beheerarchitecten, informatie architecten, gegevensarchitecten, integratiearchitecten, beveiligingsarchitecten, technische architecten, software architecten, applicatie architecten, procesarchitecten of testarchitecten. Natuurlijk vallen de architecten allemaal onder een chief architectuurteam waar een CIO vaak de rol als hoogste architect invult.

- Architecten willen graag praten met architecten.

- Langdurige processen en veel memo's langs alle stakeholders over triviale zaken die feitelijk snel besloten kunnen en moeten worden.

Om een organisatie te wapenen tegen de wetmatigheden zoals Parkinson heeft geformuleerd zijn eenvoudige richtlijnen wenselijk. Richtlijnen kunnen zijn:

- Architecten hebben diepe domeinkennis en durven experts uit te dagen.

- Zorg dat complexe problemen meer tijd en aandacht krijgen dan simpele problemen. De tijd kan namelijk maar een keer besteed worden.

- Erken dat iedereen kan bijdragen tot de oplossing van een probleem. Juist de mensen die niet inhoudelijk betrokken zijn of geen domeinkennis hebben kunnen vaak vanuit een nieuwe invalshoek naar de problematiek kijken.

- Leg alle besluiten op een systematische manier vast, zodat voor iedereen de rationale en argumentatie van een oplossingsrichting duidelijk is.

En durf periodiek de eigen architectuurprocessen en architectuurrollen te evalueren tegen de directe en indirecte toegevoegde waarde vanuit de bedrijfsprocessen.

2.9 Enterprise Architectuur oude stijl?

Vandaag de dag is iedere zichzelf respecterende architect een 'Enterprise Architect'. Waar in de oudheid architecten alles van IT wisten en daadwerkelijk inhoudelijk richting gaven aan IT ontwikkelingen kan het tegenwoordig zomaar gebeuren dat een Enterprise Architect trots is op een totaal gebrek aan actuele IT kennis. Helaas wordt deze leemte zelden gevuld met een gedegen bedrijfskundige of organisatorische kennisbagage, waardoor terecht vraagtekens worden gesteld aan de toegevoegde waarde van Enterprise Architecten in een organisatie.

Terecht is er dus nog altijd verwarring over wat 'Enterprise Architectuur' (EA) nu daadwerkelijk is. De benaming 'enterprise architectuur' heeft betrekking op de architectuur van een bedrijf. Wanneer het woord bedrijf wordt vervangen door organisatie ontstaat dus organisatiearchitectuur. Architectuur heeft iets met ordening en richting geven aan een ontwerp.

Enterprise Architectuur is een vrij nieuwe stroming. Ontstaan vanuit de behoefte om op hoog niveau richting te geven aan organisatie met als accent het beter omgaan met de informatievoorzieningen. De focus van enterprise architectuur ligt besloten in principes en modellen die richting geven aan het ontwerp van bedrijfsprocessen, informatiesystemen en technische infrastructuur. Vanuit een Enterprise Architectuur horen dus ontwerpeisen te volgen voor organisatieontwerp.

De 'roots' van Enterprise Architectuur liggen in de IT-architectuur. IT-architectuur wordt ook wel systeemarchitectuur genoemd. Enterprise Architectuur is echter zeker geen systeemarchitectuur. In onderstaande tabel zijn enkele verschillen tussen systeemarchitectuur en Enterprise Architectuur neergezet.

ORGANISATIE ARCHITECTUUR VS SYSTEEMARCHITECTUUR

	Organisatie Architectuur (Enterprise Architectuur)	Systeemarchitectuur
Analogie	Stedelijke ontwikkeling	Een huis bouwen
Stakeholders	Alle stakeholders in de relevante bedrijfscontext	Primair de opdrachtgever
Requirements	Continue wijzigingen om de bedrijfsdoelstellingen bij wijzigende strategie te behalen	Meer statisch gericht eenduidige doelstelling
Resultaat	Incrementeel (en moeilijk meetbaar)	Resultaat meetbaar (Is het af? Werkt het?)
Levenscyclus	Continue (proces)	Een project met een eind
Governance	Stakeholder 'buy-in'	Meetbaar en stuurbaar (controle)
Uitdaging	Omgaan met continue veranderingen	Expert keus tussen methodes en (IT) technieken die nu beschikbaar zijn om doel te behalen

Growth
Organisatieontwerp.nl

Veel gebruikte modellen voor het beschrijven van Enterprise Architectuur zijn vaak gebaseerd op het IAF model. Ook TOGAF 9 is hier op gebaseerd. Echter een benadering voor architecten die beseffen dat IT oplossingen alleen een probleem niet oplossen, is om de roots van EA verder los te laten en een keus te maken voor modellen die dichter bij bedrijfskundige ordeningsprincipes aansluit. Hieronder is schematisch een voorbeeld gegeven.

EEN BEDRIJFSKUNDIGE BESCHOUWING VAN ARCHITECTUUR

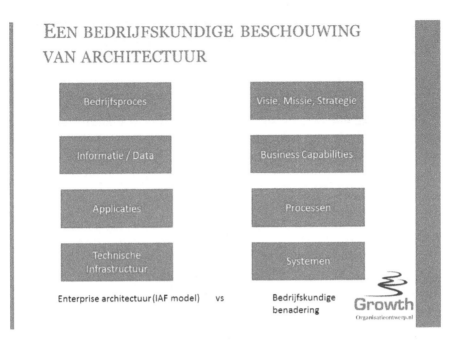

Enterprise architectuur (IAF model)   vs   Bedrijfskundige benadering

Enterprise Architectuur wordt volwassen. Echter om meer en sneller waarde te kunnen geven voor bedrijven is het raadzaam om traditionele op IT gebaseerde modellen voor het structureren van Enterprise Architectuur te durven loslaten. Natuurlijk wel met het besef van de grote impact van innovatieve IT componenten op systemen binnen bedrijven.

3 Architectuur: De methode

Organisaties kunnen niet meer zonder ICT. De afhankelijkheid van met IT is op ieder vlak nog steeds sterk groeiende. Inspelen op nieuwe ontwikkelingen zoals gewijzigde marktomstandigheden, nieuwe regelgeving of nieuwe technologische vragen om een hoog aanpassend vermogen. Van mensen en organisaties.

Bijna iedere organisatorische wijzing gaat gepaard met grote of kleine wijzingen op IT gebied. Maar het omgekeerde geldt ook vaak: technologie wijzingen leiden vaak organisatorische aanpassingen. Het gebruik van architectuurhulpmiddelen bij het vorm geven van IT veranderingen kan veel voordeel geven. Zeker wanneer de basis veranderkundige principes vanuit de sociale- en bedrijfswetenschappen niet worden genegeerd.

Dit hoofdstuk bevat een aantal artikelen waarin tools worden beschreven die voor het maken van een IT architectuur gebruikt worden.

3.1 Problemen oplossen! Simpel toch?

Problemen zijn om opgelost te worden. Direct en zo simpel, effectief en efficiënt mogelijk. IT Architecten zijn vaak bij uitstek de oplossers in nood. Zij beheersen inmiddels het volledig arsenaal aan mogelijke oplossingen voor ieder probleem. Bijna altijd komen oplossingen direct uit het blote hoofd, en gebracht op een wijze waarop het Orakel van Delphi een voorbeeld aan had kunnen nemen. Of toch niet?

Gelukkig voor veel bedrijven gaan architecten anno 2012 gelukkig iets anders te werk. Een architect ziet een probleem als een puzzel. Een complexe puzzel. Deze puzzel dient via een zorgvuldig afgewogen theorie benaderd te worden om toch snel tot bevredigende een oplossing te komen. Dit methodisch ontwerpen kan beschouwd worden als een probleemoplossingstraject. In dit traject zijn de volgende kenmerken te onderscheiden:

- Een omschrijving van de probleemsituatie.
- Een diagnose.
- Een omschrijving van de ontwerpeisen.
- Het ontwerp.
- De implementatie.

Vanzelfsprekend worden gedurende het gehele traject alle stakeholders betrokken, om zo veranderkundige problemen bij implementatie van een oplossing te voorkomen. Ofwel om geen tijd te verliezen en niets over het hoofd te zien is een zachte systeembenadering vaak handig.

Centrale thema's bij het methodisch ontwerpen zijn:

- Positie en rol van de architect. Bij het oplossen van problemen zit deze dus in de rol als onderzoeker naar oplossingsrichtingen. Daarnaast speelt ook de formele en informele positionering van de architect in de organisatie een rol.
- Objectiviteit versus subjectiviteit. Soms is een architect ook een mens met een mening en soms zelfs belangen. Bijvoorbeeld met een lange termijn belang vanuit eerder overeengekomen Enterprise Architectuurprincipes.
- Theorie versus praktijk. Hoe mooi een oplossing in een laboratorium ook kan werken, de specifieke context waarbinnen een probleem opgelost moet worden wijkt natuurlijk af. Hierdoor zal de standaardoplossing niet zondermeer werken.
- Lineair werken versus iteratief werken. Ondanks alle agile discussies in de IT weet een ervaren architect wanneer een extra iteratie noodzakelijk is. Agile werkwijze in de organisatie of niet.

Goede architecten zijn zich altijd bewust van deze centrale thema's. Schematisch kan het probleemoplossingstraject worden weergegeven als onderstaande figuur. In deze figuur zijn de belangrijkste stappen met iteratieve controle vragen weergegeven.

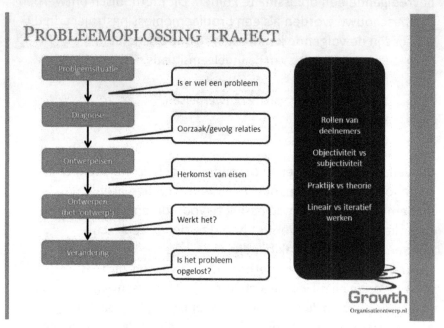

Door de kern van deze DOV cyclus (Diagnose, Ontwerp en Verandering) niet uit het oog te verliezen borgt een architect de kwaliteit van het probleemoplossingstraject waarvoor hij (of zij) voor wordt gevraagd.

3.2 Informatiesystemen ontwerpen onder architectuur

IT-applicatie ontwerpproblemen worden binnen TOGAF gepositioneerd in de informatiesysteem architectuur ontwerpstappen. Naast de bedrijfskundige stappen binnen de TOGAF benadering komen architectuur aspecten voor applicatieontwerp vooral sterk naar voren in de informatiesysteem architectuur fase. Aspecten zijn bijvoorbeeld: software ontwerp, data ontwerp, service ontwerp, hergebruik en applicatie performance aspecten.

De informatiesysteem architectuur binnen TOGAF valt uiteen in de aspecten:

- Data architectuur en
- Applicatie architectuur

Het kennisdomein rondom de informatiesysteem architectuur is het gebied wat afkomstig is vanuit de informatiekunde. Ofwel de traditionele IT-kennisgebieden. Om een informatiesysteem architectuur doordacht te ontwikkelen zijn ruwweg de volgende methoden te onderscheiden:

- Data gecentreerde architectuur; Het voorbeeld hiervan is natuurlijk SAP. SAP biedt een zeer rijke verzameling geïntegreerde applicaties, gebouwd rondom een centrale data architectuur. Maar een data gecentreerde architectuur kan ook opgebouwd worden vanuit verschillende applicaties, waarbij data uitwisseling over een enterprise service bus (ESB) plaats vindt.
- Bericht georiënteerde architectuur; EDI of XML gebaseerde architecturen worden vaak gekenmerkt door een bericht georiënteerde aanpak. Het interactie model bij deze architectuur is vaak gebaseerd op uitwisseling van informatie via een asynchrone structuur.
- Service georiënteerde architectuur; Deze benadering wordt vaak teruggevonden in de opbouw tussen applicaties en

applicatiecomponenten. De verschillende applicatiecomponenten bieden afgebakende services die voor meerdere applicaties te gebruiken zijn. Via een procesmodelleringstool (Bijvoorbeeld IBM WebSphere Business Process modeler) zijn dan gemakkelijk meerdere applicatiecomponenten tot een nieuwe applicatie te smeden voor ondersteuning van een nieuwe processtap.

- Informatie georiënteerde architectuur; Een informatie georiënteerde architectuur is vaak opgebouwd vanuit een canonical datamodel met duidelijke regels voor data uitwisseling. Het kern paradigma binnen deze aanpak is de concentratie op de informatie die via services moet worden uitgewisseld.
- Model gebaseerde architectuur. Binnen deze aanpak staat de context waarbinnen informatie moet worden uitgewisseld centraal. Informatie-uitwisseling wordt vanuit ontwerp contextafhankelijk opgezet.

Naast deze basale benaderingen zijn in architectuurland nog vele methoden en methodieken bedacht. Moderne termen als semantische architectuuraanpak, cloud enabled architectuur, open architectuur of bpm 2.0 hebben allemaal goede elementen die het denken naar goede oplossingen om bedrijfsproblemen met IT op te lossen kunnen versnellen en versimpelen. Toch is het verstandig om uiteindelijk het doel van een informatiesysteem architectuur aanpak niet uit het oog te verliezen. Namelijk het op een gestructureerde manier ontwerpen van een IT oplossing. Een goed begrip van mogelijkheden en moeilijkheden rondom datamodellering en applicatieconstructie aan de hand van services is hierbij cruciaal.

Voor het ontwerpen van webservices is bijvoorbeeld kennis van de W3C web services architecture stack handig. Ondanks de simpele visualisatie van een web services architectuur stack, liggen bij implementatie echter nog veel vaak context afhankelijke problemen op de loer. Het betrouwbaar sturen van berichten over internet is vaak complexer dan vooraf gedacht. Helaas wordt dit door veel bedrijven pas daadwerkelijk goed onderkend bij het analyseren van fouten en klachten van eindgebruikers.

W3C Web Services Architecture Stack

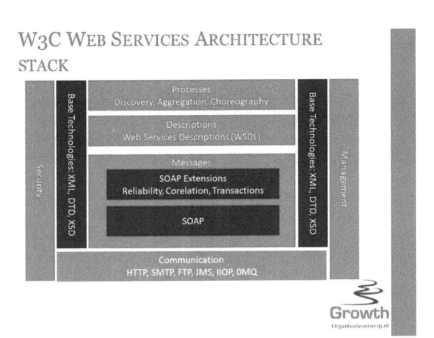

In de dagelijkse praktijk is de keuze van de gebruikte architectuurbenadering voor applicatieontwerp vaak niet direct zichtbaar gemaakt. Toch loont het om expliciet te maken wat de dominante ontwerpregels zijn bij het opstellen van een architectuur voor een informatiesysteem. Dit bepaalt namelijk de directe bruikbaarheid van het systeem in een bredere context en geeft richting aan de wijze waarop uitbreidingen tot stand kunnen komen.

3.3 Doelgerichte visualisatie:Rich Pictures

Architectuur goed communiceren is complex. Complex omdat een moeilijke boodschap vaak sterk vereenvoudigd overgebracht moet worden. Hierbij gaan nuances van de complexiteit vaak verloren. Zo is bij communicatie via tekst vaak niet duidelijk wat weggelaten kan worden en wat niet. Het gevaar is dan dat de boodschap niet in een simpele zin uitgedrukt wordt of juist te simpel wordt uitgedrukt.

De manier om een boodschap helder te maken is via een of meerdere simpele afbeeldingen. Binnen het architectuurvakgebied wordt helaas al tientallen jaren gediscussieerd over de juiste visualisatie vorm. Daarnaast leveren veel IT leveranciers architectuurhulpmiddelen om architectuurvisualisaties te maken. Soms via een gestandaardiseerde modeltaal zoals UML of Archimate, maar vaker via een eigen methode inclusief nieuwe symbolen en semantiek. Helaas worden complexe problemen nog altijd slechts zelden door relevante doelgroepen begrepen als deze zijn weergegeven in syntactisch correcte wiskundige modeltalen, zoals UML of Archimate.

Een sterke en effectieve methode voor architectuurvisualisatie is het gebruik van 'rich pictures'. Deze methode kan gebruikt worden voor:
- Visualiseren van complexe problemen en
- Visualiseren van oplossingen
- Visualiseren van oorzaak gevolg relaties.

Aangezien de methode kinderlijk eenvoudig is, kan de methode voor veel zaken die vanuit architectuur gecommuniceerd moeten worden, worden ingezet. Rich pictures is een visualisatie methode die afkomstig is vanuit de bedrijfswetenschappen. Van oorsprong werd deze methode gebruikt binnen de Soft System Methodology van Checkland om binnen een groepsproces snel en effectief beelden over een probleemsituatie gemeenschappelijk te maken en zo volledig te krijgen. Echter het gebruik van de rich pictures techniek is veel breder inzetbaar gebleken dan alleen binnen deze systeembenadering.

Een rich picture kan iedereen maken. Gewoon door een visueel beeld te maken van hoe jij de situatie ziet. Aangezien mensen waarde toekennen aan een beeld (tekening), komt afhankelijk hoe het beeld wordt neergezet direct de gewenste discussie op gang. Om snel effectief te worden in het maken van een rich pictures zijn er zes basiselementen die handig zijn om te gebruiken in een tekening:

1. Gebruik iets van structuur.
2. Doe iets met een proces.
3. Neem bezwaren of bedenkingen op. (Bijvoorbeeld door gebruik van een vraagteken of tekstballonen).
4. Blijf dicht bij de taal en beelden die sprekend zijn binnen de organisatie waarvoor de plaat bedoeld is.
5. Gebruik naar eigen inzicht tekst, figuren, schetsen of kleuren om een beeld neer te zetten.
6. Teken indien mogelijk met de vrije hand. Dit vormt sneller discussies en geeft sneller de essentie weer. Ook blijft de complexiteit zo beter in stand en worden mensen sneller verleid om mee te tekenen.

Het grote voordeel van een rich pictures is dat er geen verkeerde manier is om deze te tekenen. Via een rich picture kan op een zeer snelle en effectieve manier een complex probleem of de consequentie van een ingrijpende architectuurbeslissing duidelijk worden gemaakt. Agile proof dus. Een rich picture heet rich picture omdat hierin zeer eenvoudig de complexiteit van een situatie kan worden weergegeven.

Natuurlijk het gevaar dat mensen verkeerde conclusies trekken op basis van een beeld (tekening), maar dit risico is bij een document of een UML model net zo groot, of wellicht nog veel groter!

3.4 Poka-yoke!

Een belangrijk element in het ontwerpproces is het voorkomen van fouten. Fouten in een ontwerpproces zijn duur. Heel duur. Realisatie fouten zijn vervelend, maar vaak herstelbaar, echter ontwerpfouten (denkfouten) dienen voorkomen te worden. Voor het voorkomen van fouten ofwel het ontwerpen van een foutvrij proces bestaat gelukkig al lang een zeer goede methode: Poka-yoke.

Poka-yoke is Japans voor het voorkomen van fouten. Dit kan door processen, handelingen of IT zo slim te ontwerpen dat het foutvrij wordt. Zeker bij menselijke handelingen is het een sport om een ontwerp bestand te maken tegen iedere vorm van menselijke fouten. Zo kan bijvoorbeeld een SIM kaart maar op een manier in een toestel worden geplaatst. IT systemen zijn helaas nog niet altijd foutvrij. Bij veel ontwerpprocessen zijn de essentiële principes voor foutvrij ontwerpen dan ook niet toegepast. Door bijvoorbeeld bijzondere karakters en tekens in webbased invoerscherm in te voeren zijn helaas nog vele systemen op hol te brengen.

De belangrijkste principes om te hanteren in een ontwerp dat bestand moet zijn tegen fouten zijn:
- Eliminatie. Door ontwerp of herontwerp met als doel fouten te elimineren wordt de kans dat een fout nog voorkomt natuurlijk vermeden. Vanuit IT perspectief betekent dit het minimaliseren van de kans dat verkeerde invoer wordt aangeboden, bijvoorbeeld door het elimineren van menselijke handelingen waar mogelijk.
- Vervanging. Vervang een foutgevoelige stap door een of meerdere minder foutgevoelige processtappen. Vervanging van foutgevoelige processtappen kan natuurlijk vanuit een IT en vanuit een business perspectief worden doorgevoerd. Bijvoorbeeld door foutgevoelige software- of hardware componenten te vervangen.

- Versimpeling. Door het werk simpeler te maken wordt de kans op fouten verkleind. Ook dit ontwerpprincipe geldt voor IT voorzieningen en processtappen zonder IT ondersteuning. Versimpeling van IT is helaas een lastig traject door de almaar toenemende complexiteit die nodig is om IT simpel te laten werken. Zo is de bediening van een tekstverwerker wel simpeler geworden, maar het aantal regels code in een tekstverwerker is ondenkbaar groot geworden.
- Detectie. Als een fout gedetecteerd kan worden in een (geautomatiseerde)processtap dient verdere verwerking afgebroken te worden. Helaas zijn veel IT projecten al blij met succesvolle goed paden en ligt in IT ontwerp vaak niet de nadruk op het ontwerpen van alle mogelijke foutpaden.
- Mitigatie. Vermindering van het effect van een fout kan een handige strategie zijn om een systeem robuuster te maken voor onvoorziene fouten. Zo zijn er vele algoritmes mogelijk om via een statistische methode een schatting te maken van een ontbrekend dataveld wat nodig is voor verdere verwerking. Mitigatie van fouten kan op veel manieren, maar vanuit een ontwerpperspectief wordt hier bewust aandacht aan besteed. Zo kan het meer dan wenselijk zijn om veilige situatie te definiëren voor het geval dat er toch een onvoorziene fout optreed. Bijvoorbeeld een auto die bestuurbaar blijft als de stroom weg valt!

Meer aandacht vanuit architectuur en binnen ontwerp voor de poka-yoke principes kan veel ergernissen, tijd en geld schelen.

3.5 Achteruit denken

Beslissingen gaan altijd over de toekomst. Ook architectuurbeslissingen. Maar te vaak berust een beslissing over het hoe en wat op eigen ervaringen vanuit het verleden. Dit terwijl in wetenschappelijke literatuur over het nemen van beslissingen nog altijd wordt gewaarschuwd voor het gebruik van alleen eigen ervaringen.

Hardwerkende architecten analyseren continue en nemen elke dag besluiten. Sommige met verstrekkende gevolgen. Achteruit denken is intuïtief en suggestief. Het gaat vaak om het zoeken naar patronen, verbindingen leggen tussen gebeurtenissen en toetsen van mogelijke oorzaak- en gevolg ketens. Vaak gebeurt dit vanuit vooral een eigen referentiekader. Vooruit denken is anders. Vooruit denken is afhankelijk van een hypothese in plaat van intuïtie. Het gaat om variabelen verzamelen, afwegen en dan een prognose maken. Bewust of onbewust gebruiken architecten beiden wijze van denken.

Op verschillende wijze is achteruit denken te verbeteren. Vanuit wetenschappelijk onderzoek blijkt helaas nog altijd de noodzaak hiervoor. Mensen, en dus ook architecten, zijn nog altijd slecht in het op basis van ervaringen niet lineaire effecten te kunnen verklaren vanuit enkelvoudig genomen beslissingen. Achteruit denken is met de volgende tips te verbeteren:

- Gebruik een aantal metaforen. Achteruit denken gaat snel, vaak onbewust. Het gebruik van een aantal metaforen zorgt dat niet te snel van één model wordt uitgegaan. De bestseller van Gareth Morgan zou eigenlijk dus ook voor architecten tot de certificeringsstof tot bekwaam architect moeten horen.
- Ga niet op één enkele aanwijzing af. Causaliteit afleiden vanuit slechts een aanwijzing leidt helaas nog altijd tot zware historische vergissingen en blunders. Correlatie betekent niet altijd oorzakelijkheid en oorzakelijkheid houdt niet altijd correlatie in.

- Ga soms dwars tegen intuïtieve aanwijzingen in. Een oplossing voor een complex probleem vergt creativiteit. Dit ontstaat juist door anders te kijken en te denken.
- Toets causale ketens. Gebruik hiervoor bij voorkeur tools en middelen vanuit systeem dynamica. Of breng een de causale keten terug tot een bekend archetype.
- Ontwikkel en toets alternatieve verklaringen. Ook architecten verklaren veel vanuit in het verleden ontwikkelde methodes en theorieën. Hoewel veel architectuurprincipes wellicht al wetenschappelijk onderuit zijn gehaald, kan een stokpaardje of bijgeloof lang in stand blijven. Maar door het verleden te verklaren met alternatieve verklaringen en deze te toetsen aan de hand van een model kan juist een beter inzicht voor oplossingen voor de toekomst worden verkregen. Ook hier geeft de systeem dynamica veel mogelijkheden om snel een alternatieve verklaring te toetsen.

Over het algemeen zijn modellen duur in prijs en kosten deze veel tijd om te bouwen. Denk aan een te uitgebreide business case, waarbij uiteindelijk toch ook impliciet foutieve causale aannames zijn gedaan. Een klein model of een op feiten gebaseerd voorspellend model van een nieuw ontwerp kan soms tot baanbrekende inzichten leiden. Om architectuur nog effectiever in te zetten voor organisaties is het bewust vooruit en achteruit denken wenselijk. Het proces rond besluitvorming waar architectuur juist waarde kan toevoegen wordt er alleen maar nog beter van.

3.6 Soft Systems Methodology (SSM) en architectuur: Een perfect huwelijk?

Binnen het architectuurvakgebied wordt vanuit een huidige probleemsituatie gezocht naar de beste oplossingsrichting. Niet altijd lukt het echter om alle stakeholders mee te krijgen in de gekozen oplossingsrichting. De Soft Systems Methodologie (SSM) is echter in veel omgevingen prima geschikt om sneller een gedragen architectuur te krijgen. En de methode is nog 'agile' ook! Maar wat is eigenlijk SSM?

SSM is de 'Soft Systems Methodology' van Peter Checkland. SSM is geen inhoudelijke organisatietheorie. SSM is te beschouwen als een methodiek om tot een zekere consensus te komen over wat het probleem is en wat ontworpen dient te worden. SSM geeft geen kaders over hoe een ontwerp eruit moet zien. SSM kan beschouwd worden als georganiseerd leer en zoekproces. Karakteristiek voor de SSM benadering is dat SSM gebruik maakt van de kennis van participanten die nauw betrokken zijn bij de problematiek.

Checkland beschrijft zijn SSM methodiek aan de hand van een cyclus van zeven stappen. De SSM benadering dient echter niet gereduceerd te worden tot doorlopen van deze zeven stadia. De kern van SSM is namelijk dat tussen de 'echte wereld' en de conceptuele denkwereld van betrokkenen heen en weer wordt gependeld. De verschillende stadia dienen om het proces dat gevolgd wordt te beschrijven. De basis is dat binnen de SSM benadering door betrokkenen wordt gediscussieerd om te komen tot een oplossingsstrategie. Juist door de discussies worden alle verschillende belangen meegenomen in de uitwerking.

Bij de verschillende stappen van het SSM proces dienen relevante technieken gebruikt te worden om beelden tussen de echte wereld ('real world') en de conceptuele denkwereld (modellering) uit te wisselen. Hieronder volgt kort een beschrijving van de verschillende fases van SSM.

Fases 1 en 2: Het 'finding out'. Gedurende deze stappen wordt de probleemsituatie op verschillende manieren onderzocht. Activiteiten die tijdens deze fases kunnen plaatsvinden zijn:
- Interviewen van personen die een rol spelen bij de problematiek;
- Bestuderen van actuele en oude documenten over de problematiek. Bijvoorbeeld memo's, rapporten en gespreksverslagen;
- Identificeren van factoren die de situatie beïnvloeden;
- Verkrijgen van informatie over de organisatiestructuur, besturingsprocessen en betrokken managers;
- Samenstellen van scherp beeld van wat rondom de probleemsituatie plaatsvindt;

Bij deze fases zijn verschillende methoden mogelijk om de problematiek te structureren. Binnen SSM wordt veel gebruik gemaakt van 'rich pictures'. Dit zijn tekeningen van de probleemsituatie waarin een beeld van de probleemsituatie wordt geschetst. Hiernaast kunnen tijdens deze fases ook gebruik worden gemaakt van drie aan elkaar gerelateerde analyses:
- Analyse 1: Interventie analyse. Gedurende deze analyse dienen drie rollen apart bekeken te worden. Dit betekent de rol van de klant, rol van de probleem oplosser(s) en de rol van de probleemeigenaar.
- Analyse 2: Sociale en cultuuranalyse. Gedurende deze analyse wordt onderzocht wat de relevante sociale rollen zijn en wat de waarde en normen zijn die hierbij worden verwacht. Deze drie aspecten zijn afhankelijk van elkaar.
- Analyse 3: Politieke analyse. Gedurende deze fase ligt de nadruk op onderzoek naar de machtsstructuren binnen de organisatie.

Fase 3: Formuleren van 'Root Definitions'. Gedurende deze fase ligt de nadruk op het beschrijven van de wijze waarop het systeem dient te functioneren. Een 'root definition' is een ideaal beeld van hoe het relevante systeem eruit moet zien. Vanuit SSM wordt een 'root definition' opgesteld vanuit de CATWOE elementen. CATWOE staat voor:

C-'Customers'; Degene die direct voordeel (of slachtoffer) zijn van het transformatieproces.

A-'Actors'; Degene die de activiteiten uitvoeren.

T-'Transformation'; Kernactiviteit waardoor input naar output wordt getransformeerd.

W-'Welanschauung'; Wereldbeeld waarmee naar de root definition wordt gekeken.

O-'Owners'; Degene die het transformatieproces kunnen stoppen.

E-'Environment'; De externe omgevingskaders die voor het systeem als gegeven worden beschouwd.

Fase 4: Samenstellen conceptuele modellen. Gedurende deze fase wordt voor iedere activiteit van de 'root definition' een conceptueel model samengesteld. Vanuit de SSM methode dienen conceptuele modellen alleen vanuit de root definitions te worden opgebouwd.

Fase 5: Vergelijken opgestelde modellen en realiteit. Het vergelijken kan aan de hand van gap analyse, scenario beschrijving opstellen en opstellen van tabellen met verschillende percepties tussen model en de werkelijkheid zoals deze wordt ervaren. Tijdens deze fase komen de verschillende zienswijze over de werkelijkheid naar voren als deze activiteit als groepsproces vorm wordt gegeven.

Fase 6: Definiëren van veranderingen. Tijdens deze fase ligt de nadruk op het bepalen van haalbare veranderingen. De discussie tussen wenselijk en haalbaar binnen de heersende cultuur speelt tijdens deze fase een belangrijke rol. Uiteindelijk dienen haalbare veranderingen gedefinieerd te worden.

Fase 7: Nemen van actie. Na definiëren van wenselijke en haalbare veranderingen worden gedurende deze fase de veranderingen ook daadwerkelijk geïmplementeerd in de organisatie. De problemen die tijdens deze fase naar boven komen kunnen weer vanuit fase 1 opgepakt worden. SSM kan worden beschouwd als een iteratieve leercyclus.

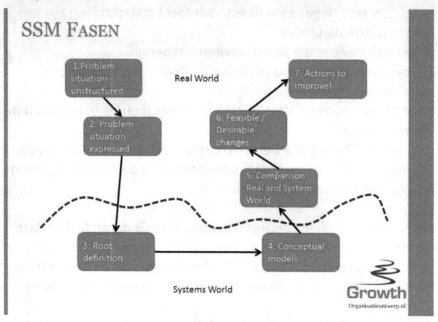

Bij het opstellen van een beveiligingsarchitectuur of een architectuur voor een nieuw systeem is het noodzakelijk dat naast een integraal overzicht van alle problemen ook alle belangen en inzichten over de problematiek in de oplossing wordt meegenomen. SSM is een zeer bruikbare wetenschappelijke methode gebaseerd op systeemtheoretische principes om toe te passen in het architectuurwerkveld.

3.7 De kracht van een beeld

Goed inzicht in een product of dienst zonder misverstanden is cruciaal. Maar hoe komt het toch dat veel afbeeldingen gemaakt door architecten uitblinken in enorme doolhofplaten of afbeeldingen die vroeg of laat leiden tot verkeerde conclusies?

Een afbeelding hoe applicaties voor een mobiele telefoon werken is redelijk complex. Toch is het noodzakelijk om via een visualisatie eenvoudig de verschillende onderdelen weer te geven. Vanuit deze visualisatie is ook direct duidelijk wat kan en wat beter moet vanuit architectuur.

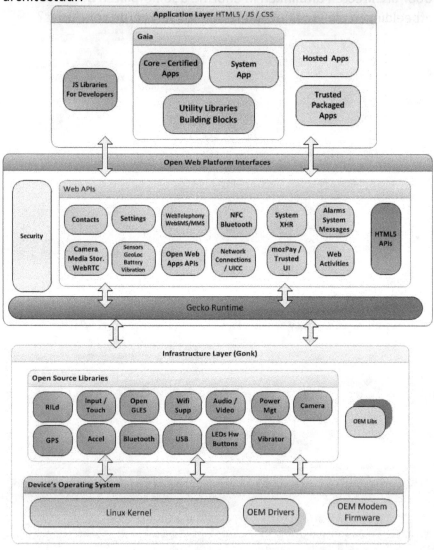

Vanuit bovenstaande afbeelding is te zien hoe applicaties gemaakt met FirefoxOS gebruik maken van de Operating Systeem functies en hardware devices van een mobiel. Voor technische architecten is direct te zien hoe FirefoxOS applicaties gebruik kunnen maken van allerlei mogelijkheden die een mobiele telefoon kan bieden, zoals GPS of camera. Dit geeft ook direct een startpunt voor de beveiligingsarchitectuur van FirefoxOS applicaties en risico's die door ontwikkelaars geïntroduceerd kunnen worden. De kleuren en pijlen geven de relaties in de gelaagde opbouw aan. Bovenstaande plaat is een technisch overzicht vanuit architectuur waaruit een ontwikkelaar kan zien hoe zijn applicaties gebruik kan maken van onderliggende technologie.

Cruciaal bij het maken van een visualisatie is het bepalen van het doel van een model. De kracht van een model ligt nog altijd in hoe gewenste modeldoelstellingen gevisualiseerd worden. Voor visualiseren zijn afhankelijk van het doel van het model weinig regels. Zo is het mogelijk om gebruik te maken van Rich pictures , maar een visualisatie kiezen die aan veel regels voldoet kan soms ook zeer handig zijn. Bijvoorbeeld een UML deployment model of een Archimate 2.0 model.

Een goede visualisatie heeft vaak de volgende kenmerken:
- Verschillende doelgroepen 'lezen' het model op dezelfde wijze.
- Is eenduidig in bij keuze voor abstractie niveau ('kunst van het weglaten')
- Conceptueel, logisch en fysieke modellering lopen niet door elkaar.

Binnen de IT architectuur gebeurt het wel eens dat doel en middel worden omgedraaid. Vooral wanneer het aankomt op het visualiseren wordt vaak veel nadruk gelegd op middel, bijvoorbeeld modeltaal, tekenwijze of 'een wonder-teken-pakket voor alle problemen'. Pas hier voor op.

Complexe problemen laten zich niet altijd eenvoudig visueel weergeven. Iedere probleemsituatie is uniek en juist dit gegeven maakt dat het vooraf modelleren via een standaard wijze niet altijd tot oplossing van de problematiek leidt. De kracht van een visualisatie is vaak dat de belangrijke stakeholders beter in staat zijn om hun bijdrage in het geheel te zien. En vervolgens het proces richting probleemoplossing beter vorm gegeven kan worden.
Een vorm om complexe problemen weer te geven is via modelleer hulpmiddelen vanuit de systeemdynamica. Hieronder een voorbeeld van de schets van een regionale woningmarkt.

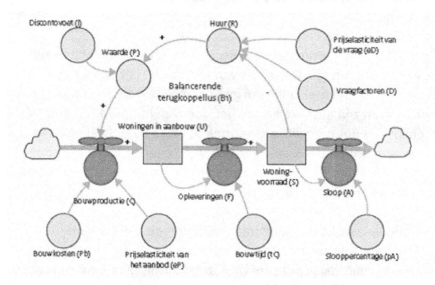

Deze afbeelding vereist uitleg aangezien de specifieke pijlen en tekens in een SD diagram niet algemeen bekend zijn. Gevaar is dan dat verkeerde conclusies vanuit een goed model worden getrokken.

De wijze waarop modellen verkeerd kunnen worden geïnterpreteerd is een gedeelde verantwoordelijkheid: Natuurlijk ligt de primaire verantwoordelijkheid bij het visualiseren van een model natuurlijk bij de architect of ontwerper. Maar een model mag natuurlijk nooit gebruikt worden als vervanging van het kritisch denken over een situatie. Dit geldt voor technische afbeeldingen en conceptuele afbeeldingen. Stel altijd kritische vragen: Wat zeggen pijlen? Hoe werkt het systeem nu écht? Wat is weggelaten en waarom?

Een goed model helpt om de beoordeling in een bepaalde situatie scherper te krijgen. De intuïtie wordt getest en ook mentale denkbeelden kunnen worden aangescherpt vanuit een model. Maar een dialoog blijft cruciaal om complexe problemen daadwerkelijk te kunnen oplossen.

3.8 Maak slimmer gebruik van wat al bedacht is!

Nadat een probleemsituatie is geanalyseerd is het resultaat vaak een gestructureerde, maar complexe hoeveelheid informatie waarop een ontwerp voor een oplossing gebaseerd kan worden. Het vertalen van de gediagnosticeerde probleemsituatie naar mogelijke oplossingsrichtingen is ontwerpen. Voor het opstellen van een ontwerp dienen eisen te worden geformuleerd. In IT termen aangeduid met requirements. Ontwerpeisen of requirements zullen geformuleerd moeten worden vanuit:

- Business perspectief
- Systeem perspectief
- IT perspectief

Bij een ontwerp is bijna altijd ook een verbeterde informatievoorziening relevant. Veel noodzakelijk ontwerpeisen voor met name IT zullen niet vanuit de business stakeholders komen. Het daadwerkelijk goed ontwerpen van IT voorzieningen is een kennisintensief vakgebied wat om specifieke kennis en expertise vraagt. Maar toch is het noodzakelijk dat duidelijk is vanuit welke kwaliteitscriteria de IT voorzieningen worden ontworpen. Voor IT voorzieningen bestaan gelukkig veel standaarden. Net als voor het maken van een veilig viaduct voor autowegen zijn er veel standaard criteria waarvan het zinvol is dat de IT voorziening hieraan voldoet. Afhankelijk van de specifieke bedrijfstak, zoals:

- vliegtuigindustrie;
- financiële instellingen (met DNB vergunning);
- gezondheidsindustrie (denk aan medische apparatuur die levensreddend moet zijn);
- auto-industrie;
- overheden;

zijn er specifieke eisen waaraan IT voorziening moet voldoen. Naast kader stellend leveren bruikbare standaarden direct tijdswinst op. Door gebruik te maken van een standaard kan sneller en een kwalitatief beter product worden ontwikkeld. De IT industrie wordt echter overladen met veel standaarden. Open en gesloten. Er zijn standaarden die tot stand komen via een standaardisatie organisatie, zoals ISO, ANSI of IEEE. Maar er zijn ook veel (open)standaarden die niet via een formeel proces tot stand zijn gekomen.

Het voordeel van gebruik van open standaarden is:
- Verhogen uitwisselbaarheid van informatie, gegevens, IT infrastructuur.
- Voorkomen ongewenste leveranciers afhankelijkheid ('vendor lock-in'). Overgang naar een andere leverancier is eenvoudig en goedkoop mogelijk.
- Kwaliteit kan makkelijker (extern)objectief vastgesteld worden.
- Triviale problemen zijn binnen een standaard opgelost.
- Door gebruik te maken van technische standaarden gaat geen realisatietijd verloren. Realisatie kan zich volledig richten op de gewenste bedrijfsfunctionaliteit.

STANDAARDEN

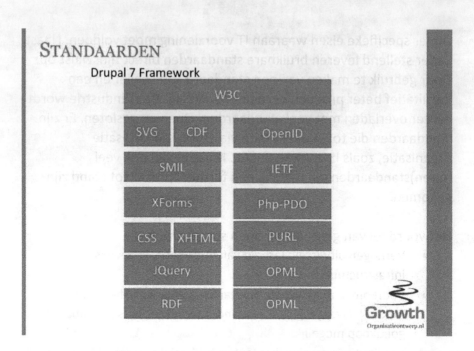

Binnen de IT wereld zijn de meest bruikbare standaarden open gebleken. Ook binnen het Drupal7 framework wordt zeer intensief gebruik gemaakt van open standaarden.

Ervaring leert dat de grootste successen zijn geboekt vanuit standaarden die niet alleen beschrijvend zijn, maar ook ondersteund worden door een open implementatie. Waarbij een open implementatie het voordeel geeft dat iedereen snel een standaard kan gebruiken. Ook voorkomt een open implementatie integratieproblemen tussen IT systemen en leveranciers.

3.9 De Overhead Value Analysis: Vernieuwde waardering voor kosten besparend denkwerk?

Overhead is een vies woord. Uitleggen dat indirecte activiteiten noodzakelijk zijn is niet populair. Zeker niet in tijden van crisis en kostenbesparingen. Want wie wil er nu niet schrappen in overhead?

In een Overhead Value Analysis (OVA afgekort) wordt de overhead van een organisatie op toegevoegde waarde beoordeeld. Onder overhead wordt verstaan het geheel aan activiteiten en gebouwen of machines dat het primaire proces van een organisatie ondersteund. In een OVA worden de kosten van overhead vergeleken met hun bijdrage aan het primaire proces. De analyse bestaat uit een kwalitatieve en een kwantitatieve weging.

Wie een Overhead Value Analysis uitvoert, doorloopt ruwweg de volgende stappen:
1. Vaststellen van het onderzoeksdomein. Vaak is niet duidelijk wat wel of niet mag worden meegenomen in de analyse. Een zuivere start is natuurlijk een analyse waaruit eerst bepaald wordt wat activiteiten in het primaire domein zijn en wat tot het secundaire activiteiten gerekend moet worden.
2. Beschrijven van de primaire en secundaire processen in processchema's en activiteiten.
3. Toewijzen van de secundaire processen aan de primaire processen. Niet alle secundaire processen zijn direct toe te wijzen aan een primair proces. Maar sommige secundaire processen laten zich wel heel direct koppelen aan een primair proces. Bijvoorbeeld het preventief onderhoud aan software verrichten kan bij een software bedrijf gekoppeld worden aan het primaire proces van software leveren.
4. Vaststellen van de omvang van de secundaire processen. Wanneer de secundaire processen zijn gedefinieerd en in

activiteiten zijn gespecificeerd, kan de omvang worden bepaald. Hulpmiddelen voor bepalen van de omvang worden vaak gevonden in de financiële administratie.

5. Wegen, normeren en waarderen. Deze fase is natuurlijk het doel van de exercitie. Met alle belanghebbende stakeholders kan toegewerkt worden naar een verbeterplan. Dit kan natuurlijk ook betekenen dat versterking van secundaire activiteiten plaats vindt. Zeker als duidelijk gemaakt kan worden welke kostenbesparing hierdoor mogelijk is.

Een groot nadeel van de Overhead Value Analyses is dat resultaten vaak kwantitatief worden gepresenteerd. Ofwel alleen in geld of tijd. De kracht zit echter vaak in een goed kwalitatief oordeel over de toegevoegde waarde van de overhead.

Zo kan in de IT werk op gebied van architectuur, ontwerpen en testen als overhead worden gezien in relatie tot software realisatiewerk. Echter veel kosten kunnen vaak bespaard worden door een goede architectuur waar vervolgens een goed testbaar ontwerp voor gemaakt wordt, voordat met realisatie wordt gestart.

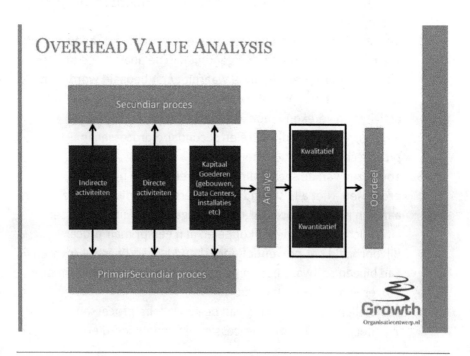

Zolang de kwalitatieve baten van IT ondersteuning op het primaire proces niet overal duidelijk is, blijven de kosten van IT een prominenter gespreksonderwerp dan de baten. Helaas geldt dit ook nog te vaak voor de activiteiten als IT architectuur en IT beveiliging.

3.10 Typologie van productiesituaties

Inzet van een standaard software pakket kan veel voordeel geven. Maar niet altijd. Binnen veel bedrijven is het meer en meer gebruikelijk om te kiezen voor een standaard software pakket in plaats van zelf een informatiesysteem te ontwikkelen. De gangbare term die gehanteerd wordt is vaak 'COTS', wat staat voor Commercially available Off-The-Shelf (COTS). Voordat een COTS pakket wordt ingezet, is het echter cruciaal om vanuit een diagnose vast te stellen of het COTS pakket voldoet.

Een hulpmiddel hiervoor kan zijn om een typologie op te stellen van de productiesituatie waarin het pakket moet gaan werken. Productie-eenheden kunnen in een aantal verschillende verschijningsvormen voorkomen. Kenmerken van verschillende typen productie-eenheden kunnen zijn:

- Productvariëteit. Dit is het aantal verschillende producten dat door een productie-eenheid wordt gemaakt. Dit kenmerk heeft betrekking op de output van de productie-eenheid als geheel.
- Productstructuur. Dit kenmerk heeft betrekking op de onderdelen waar het product uit is opgebouwd en de onderlinge samenhang van de deelproducten.
- Bewerkingsstructuur. Dit type structuur beschrijft per product de bewerkingen en de onderlinge volgorde van deze bewerkingen.
- Specificiteit van capaciteiten; Dit kenmerk heeft betrekking op het aantal verschillende bewerkingen dat een capaciteit kan uitvoeren. Bijvoorbeeld een financiële controle door een accountant, of een berekening die slechts door een zeer specifiek stuk programmatuur mogelijk is.
- Onzekerheid. Met onzekerheid wordt hier bedoeld het ontbreken van informatie nodig voor het geautomatiseerd nemen van een beslissing.

Afhankelijk van het type proces is het noodzakelijk om meer kenmerken mee te nemen in deze diagnose. Voor de pakket vergelijking kan een korte vergelijking met typische logistieke productiesituaties handig zijn. Dit omdat informatiebeheersing binnen informatievoorziening vaak goed vergelijkbaar is met typerende productiesituaties zoals:

- job-shop productie;
- serie productie;
- massa productie en
- project productie.

Aan de architect natuurlijk de taak om een goede analyse te maken van de typerende karakteristieken van de verschillende 'COTS' pakketten en de productiesituatie waarvoor het pakket IT ondersteuning moet leveren, om zo selectie te vereenvoudigen. Natuurlijk met alle business stakeholders samen!

3.11 Kiezen onder hoge druk

Binnen veel organisaties is dagelijks sprake van een enorme druk voor beslissers. Nieuwe kansen, potentiële orders, boze klanten, morrende aandeelhouders of zeer urgente (IT) problemen. Het goede nieuws: het daadwerkelijk maken van strategische beslissingen onder hoge druk is gelukkig geen nieuw probleem. Veel grote wetenschappers hebben dit probleem onderkend en hebben getracht praktische richtlijnen te geven over hoe in zo'n situatie toch de beste strategische beslissingen tot stand kunnen komen.

Een van deze methodes is de 'strategic choice approach'. De essentie van deze methode ligt besloten in het eenvoudig kunnen omgaan met onzekerheid wanneer een complex probleem moet worden opgelost.

Het framework van de strategic choice approach bestaat uit vier complementaire fasen:
1. De vormende fase. In deze fase ligt de nadruk op hoe het probleem het beste kan worden geformuleerd. Onderdeel van deze fase is het adresseren van de structuur van het probleem en de facetten waaruit het is opgebouwd.
2. De ontwerp fase. In deze fase ligt de nadruk op het formuleren van mogelijke oplossingsrichtingen en consequenties.
3. De vergelijkende fase. In de fase gaat het om de de verschillende oplossingsrichtingen te vergelijken vanuit zoveel mogelijk criteria. Bijvoorbeeld economisch, sociaal of duurzaamheid. In deze fase komen drie cruciale onzekerheid gebieden uitgebreid aanbod. Dit zijn:
   - Onzekerheid over de omgeving;
   - Onzekerheid over de gemeenschappelijke waardes;
   - Onzekerheid verbonden met aangrenzende gebieden;
4. De besluitvormingsfase. Ofwel in deze fase moet gekozen worden.

In onderstaande figuur zijn de verschillende fasen schematisch weergegeven.

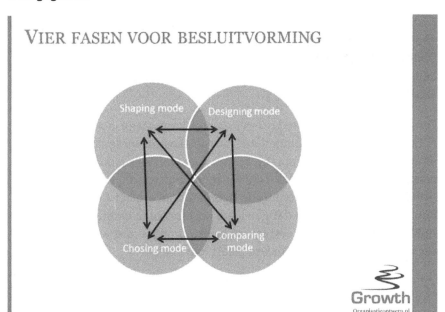

Voor iedere fase zijn een veelvoud van technieken beschikbaar om snel en effectief een fase met een groep af te ronden. Wenselijk is dan wel een goede procesbegeleider of één of meerdere deelnemers die bekent zijn met deze technieken.

Door het bewust zijn van de verschillende fasen zal een complex besluitvormingsproces alleen al sneller kunnen doorlopen. Ook bij complexe architectuurvraagstukken of IT beveiligingsvraagstukken kan het gebruik van de 'strategic choice approach' veel voordeel geven. De kwaliteit van de besluitvorming is zeker gebaat bij het gebruik van een gestructureerde methode.

3.12 Kostenoptimalisatie en architectuur?

Nu de eurocrisis nog altijd niet voltooid verleden tijd is, is er nog altijd een enorme druk om kosten te reduceren zonder aan kwaliteit in te boeken. Door vanuit architectuur naar dit vraagstuk te kijken is het mogelijk om bedrijfskundige ontwerpmethodes te koppelen aan IT architectuurmethodieken.

Een gangbaar systeem om kosten inzichtelijk te maken in ABC, ofwel Activity-Based Costing. Binnen ABC worden kosten verdeeld tussen directe en indirecte kosten. Om kosten daadwerkelijk naar een lager niveau te brengen is ABM populair in de bedrijfsvoering. ABM staat voor Activity Based Management. ABM heeft als doel om het ABC systeem dusdanig te beïnvloeden dat een lager kostenniveau ontstaat. Binnen ABM wordt dus een ABC systeem gebruikt om data over kosten te verzamelen, waarna een analyse plaats kan vinden.

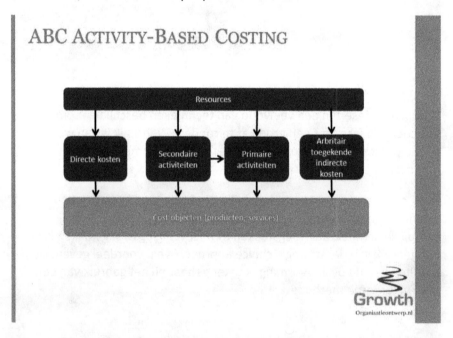

Een model om ABC, ABM en architectuur bij elkaar te brengen is mogelijk. In 2003 is zo'n model ontwikkeld aan de Universiteit Twente en in de praktijk getest binnen een internationale bank. Het model kan gebruikt worden om gericht bepaalde aspecten te analyseren en deze via een herontwerp te verbeteren. De aspecten:

- Probleem analyse;

- Organisatie,

- Processen,

- Informatie en

- Gedrag (in de tijd)

staan centraal bij deze aanpak.

Door vanuit architectuur een voor financiële managers herkenbaar model voor oplossen van integrale bedrijfsproblemen kan snel meerwaarde voor de hele organisatie ontstaan. Het op ABC en ABM gebaseerde model voor architectuurherontwerp biedt deze mogelijkheden. ABC en ABM kennen een goed gedefinieerd begrippenkader wat voor architectuurherontwerp direct gebruikt kan worden.

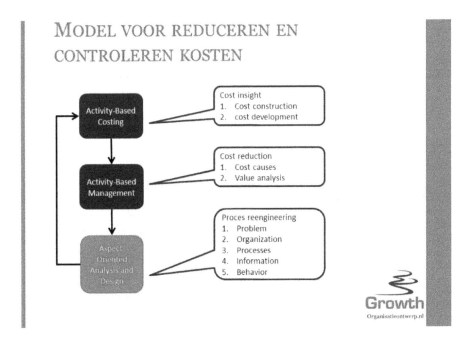

3.13 Zero maintenance: Fictie of werkelijkheid?

Kosten voor IT oplossingen zitten vaak verborgen. Veel kosten bij standaardproducten zitten niet in de eenmalige aankoop van een oplossing, maar in de periodiek terugkerende onderhoudskosten. Dit geldt voor gebouwen, auto's en fietsen, maar ook voor software oplossingen.

Bij aanschaf van software spelen de volgende kostenfactoren een rol:

- Eenmalige kosten. Ook wel investeringskosten (capex, capital expenditures) genoemd.

- Operationele kosten. Ook wel beheerkosten (opex, operating expenditures) genoemd.

Gebouwen en materieel vergen onderhoud. Anders is een gebouw na verloop van tijd niet meer bewoonbaar of stopt je auto met rijden. Traditioneel worden operationele kosten veroorzaakt door slijtage. Bij tal van tastbare producten is de aanschafprijs dan ook veel hoger dan de periodieke onderhoudskosten.

De karakteristiek die bij een software product cruciaal anders is, is dat het product zelf niet slijt. Software slijt niet door gebruik, het weer heeft geen vat op software code en oude software kan vaak nog prima bruikbaar zijn. Toch zijn vaak de operationele kosten hoog. Te hoog. Uitgaande dat er geen nieuwe functionaliteit nodig is, bijvoorbeeld bij een 'simpel' rekenprogramma, worden kosten veroorzaakt door:

- Beveiligingsupdates voor de software zelf.

- Wijzingen op het operating system of infrastructuur, waardoor de software moet worden aangepast.

- Verbeteringen. Ook verbeteringen waar je niet om hebt gevraagd!

- Licentiekosten.

Om deze onderhoudswerkzaamheden bij software uit te voeren, zijn vaak dure gecertificeerde IT beheerders nodig. Zij weten en kunnen als geen ander de impact van wijzingen van de software inschatten en wijzingen doorvoeren. Ook zijn specialisten nodig om bij wijzingen op infrastructuur of software testen uit te voeren en indien nodig snel problemen op te lossen.

Vanuit architectuur is het natuurlijk prima mogelijk om een oplossing te bedenken, waarbij wel de voordelen van de karakteristieken van een software product naar voren komen, maar niet de traditionele nadelen. De belangrijkste ontwerpprincipes zijn dan:

1. open source

2. 'beheerarm' zero maintenance

3. functionaliteit eenvoudig te wijzigen

Een open source uitgangspunt voorkomt altijd terugkerende licentiekosten. Net als bij gesloten software is een inhoudelijk doordacht selectieproces vanuit functionele en niet-functionele eisen cruciaal voor een goede keus. De beste open source producten zijn ontworpen vanuit een 'zero maintenance' ontwerpprincipe. Logisch, want aangezien open source producten vaak worden gemaakt door allerbeste programmeurs wordt alles op alles gezet om vervelende handmatige beheerhandelingen te voorkomen. Goede OSS programmeurs zijn namelijk graag bezig met ontwikkelen van nieuwe functionaliteit en niet met onderhoud door 'bugs'. Dit betekent dus dat het gebruik van de beste OSS producten het enige noodzakelijke onderhoud volledig automatisch gaat. Denk aan testen, fixes en upgrades uitvoeren. Zo werkt een gebruiker, die voor de browser firefox kiest altijd met een volledig automatisch bijgewerkte en geteste versie, zonder dat dit een extra inspanning van een beheerder of gebruiker vereist. Maar inzicht in een ongewenste vendor lock-in is ook bij OSS software vereist.

Veel beheerkosten worden veroorzaakt om software aan te passen aan veranderende bedrijfsprocessen of parameters. Bij een goed ontworpen software product is vooraf nagedacht over de veranderingen die ooit kunnen komen. Maar nog belangrijker is dat dit ontwerpprincipe heeft geleid tot software waarbij zeer eenvoudig nieuwe functionaliteit aan kan worden toegevoegd of bestaande functionaliteit kan worden gewijzigd.

Dit alles zonder langdurig realisatietraject gekenmerkt door een lang software ontwikkelproces. Zelfs met scrum.

Oplossen van business IT problemen onder architectuur lijkt in de aanloopfase soms duur, te abstract en weinig direct toegevoegde waarde te hebben. Echter de praktijk leert dat bij een inhoudelijk kundig doorlopen architectuurfase hoge jaarlijkse beheerkosten worden vermeden. Het is dan natuurlijk wel noodzakelijk dat de businesscase ook vanuit architectuur bewaakt wordt.

3.14 Fingers crossed: Op goed geluk problemen de baas!?

Bij de implementatie van bedrijfskritische systemen wil het helaas nog wel eens mis gaan. Soms goed mis, waardoor uiteindelijk faillissement het enige is wat resteert. Maar vaker en gebruikelijker is vlak na een implementatie nachten doorwerken door de IT specialisten om de ergste gebreken zo snel mogelijk op te lossen. De uitdrukking 'fingers crossed' wordt daarom ook in 2013 nog altijd veel gebruikt bij implementatie van bedrijfskritische systemen.

Om problemen met systemen op te kunnen lossen is een eerste vereiste een goede analyse. En om goed te kunnen analyseren is logrecords vaak noodzakelijk. Dit om te achterhalen wat er mis gaat. Nu is het helaas zo dat om performance redenen vaak een duivels dilemma ontstaat: Continue alles loggen wat in een systeem gebeurt maakt een systeem vaak enorm traag. Maar alleen logregels schrijven bij fouten is vaak onvoldoende om de echte oorzaak van falen te achterhalen.

De traditionele loglevels die bij systeemontwikkeling gebruikt worden zijn:

- Fatal: Alleen de meest ernstige fouten worden gelogd. De term 'fatal' geeft natuurlijk aan wat dat er iets fataals is gebeurd. Er is bij een logmelding 'fatal' iets écht stuk.

- Error: Een onverwachte fout of conditie treed op. Vaak een eerste aanleiding tot een speurtocht naar de echte oorzaak, zeker in gedistribueerde omgevingen. Maar een technische fout hoeft geen fout met gevolg voor de gebruiker van het systeem te zijn.

- Warn: Een waarschuwing dat er wellicht niet netjes is geprogrammeerd. Het risico bij warnings is dat deze als 'normaal' beschouwd worden als het er heel veel zijn. Het is namelijk in IT land niet ongebruikelijk om systemen met veel 'warnings' gewoon in productie te nemen.

- Info: Vaak gebruikt indien voor technische beheerders informatie moet worden weggeschreven. Het volgen van info meldingen geeft inzicht in het gedrag van een systeem. Maar ook bijvoorbeeld audit informatie zoals inloggen in een systeem of het uitvoeren van een transactie zijn info meldingen.

- Debug: Gedetailleerde informatie om het gedrag van een systeem te kunnen analyseren. Voor het schrijven van debug informatie moet vooraf wel een ontwerp gemaakt zijn, anders kan de debug informatie weleens erg leeg zijn.

- Trace: Mogelijkheden die vanuit programmeren vaak beschikbaar zijn om zeer gedetailleerde informatie te achterhalen over het gedrag van een systeem. Zeer handig bij foutmeldingen, maar vaak onbruikbaar in een productieomgeving, aangezien hiervoor speciale IT tools voor nodig zijn. Het is een goedgebruik om te zorgen dat in een productie omgeving geen trace-informatie beschikbaar is. Dit heeft namelijk een performance degradatie tot gevolg. Maar ook een beveiligingsrisico inhouden.

Het klassieke probleem met op een bovenstaande wijze van vooraf anticiperen op mogelijke fouten is dat vaak net niet genoeg informatie beschikbaar is als nodig is bij een écht probleem. Om een probleem te analyseren is namelijk behoefte aan error, warn en debug informatie, maar performance eisen vereisen zo min mogelijk logging als het niet nodig is. Het goede nieuws is dat voor dit probleem meerdere bruikbare oplossingen beschikbaar zijn. Een hiervan is gebruik van een 'finger crossed' logging mechanisme.

De kern van het finger crossed logging mechanisme is dat alle informatie wordt gelogd voorafgaand bij een ernstige fout met veel impact. Kern van het finger crossed mechanisme is dat rond risicovolle transacties in geheugen zoveel mogelijk informatie wordt vastgehouden. Alleen bij falen van de transactie wordt deze informatie daadwerkelijk weggeschreven voor analyse. Het 'finger crossed' logging mechanisme is beschikbaar is in verschillende programmeertalen. Binnen architectuur wordt het ontwerpen van foutpaden voor bedrijfskritische informatie systemen ook weer veel leuker indien effectief van dit mechanisme gebruik wordt gemaakt.

Het juist gebruik van het 'finger crossed' logging mechnisme vereist vooraf een gedegen architectuuropzet om er veel plezier van te hebben. Maar vooraf problemen voorkomen in een systeem is nog altijd beter en goedkoper dan via beperkte logging en trace files nachten doorwerken om problemen achteraf op te lossen.

3.15 Snelheid (en snel een beetje)!

Snelheid is voor IT toepassingen vaak cruciaal. Toch worden deze lastige eisen zelden vooraf goed expliciet gemaakt, laat staan het zeer kundig analyseren van de consequenties van deze eisen op het systeem waaraan deze eisen worden gesteld. Bij het ontwerpen van complexe IT systemen is het noodzakelijk om zo vroeg mogelijk de prestatie-eisen scherp te krijgen. Prestatie-eisen worden vaak aangeduid met performance eigenschappen, maar vanuit ontwerp betekent dit vaak de volgende twee aspecten:

1- Wat is de tijd waarbinnen een proces afgerond moet worden?

2- Is er een IT systeem te realiseren wat kan voldoen aan de gestelde prestatie-eisen?

Vanuit de bedrijfskunde is gelukkig meer dan 100 jaar wetenschappelijke kennis beschikbaar die gebruikt kan worden voor het ontwerpen en optimaliseren van bedrijfsprocessen, zodat aan gestelde prestatie-eisen kan worden voldaan. Zo zijn vele methoden voor het optimaliseren van logistieke processen gemeengoed, maar ook als snelheid voor een klant noodzakelijk is, zijn vele methoden en technieken bekend om bijvoorbeeld via voorkomen van arbeidsdeling snelheid én werkvreugde hoog te houden. Veel is geschreven over een optimale inzet van schaarse (en vaak dure) productiemiddelen om zo toch aan gestelde prestatie-eisen te kunnen voldoen. Denk aan het inzetten en plannen van een operatiekamer, waarbij wachtlijsten voorkomen moeten worden. Capaciteit en performance is in de fysieke wereld vaak erg lastig te ontwerpen en te plannen. Denk aan het ontwerp van een stadion, waarbij het toch wenselijk is dat alle 100.000 bezoekers binnen 1 uur op de juiste stoel zitten, na afloop ook binnen redelijke tijd weer weg kunnen.

In de IT, waarbij klanten via internet een transactie moeten kunnen uitvoeren, is het ontwerpprobleem voor snelle systemen vaak nog lastiger en wordt het ontwerpprobleem zeer vaak onderschat. Zo is menig organisatie niet goed voorbereid op een plotselinge toeloop van tienduizenden klanten via het internetkanaal. Zo ligt de site voor Obamacare al maanden onder vuur. Het probleem met complexe digitale interactie is echter dat zonder het totaalontwerp te kennen vaak onmogelijk is om dé oplossing voor een bestaand probleem te realiseren.

Wel is het gelukkig goed mogelijk om met de altijd aanwezige onzekerheid in het specificatietraject de architectuur zo op te zetten dat performance problemen alleen daar optreden waar ze te verwachten zijn, en dan zijn deze ook vanuit ontwerp natuurlijk eenvoudig te verhelpen.

Zo kan het bij inzet van een webserver een goede overweging zijn, om als risico verminderde maatregel direct een webserver in te zetten die ontworpen is voor high performance omgevingen. Zoals bijvoorbeeld inzet van de bekende open source webserver nginx (zie http://nginx.org). Nginx is een op events gebaseerde webserver. Naast het kiezen van het juiste product is een goed ontwerpprincipe ook om processen te ontkoppelen waar mogelijk en nodig. Zo is het bijvoorbeeld niet handig om een vrachtwagen direct de weg op te sturen met slechts een pakketje erin, maar een compromis van eenmaal per dag om toch de snelheid voor klanten die een wachten op bestelling kan een goed compromis zijn.

Het ontkoppelen van klantvraag en realiseren van de klantvraag kan ook bij eProducten soms een goede oplossing zijn om knelpunten in de snelheid die klanten ervaren bij een online kanaal te voorkomen. De kracht kundig toepassen van IT architectuur is dat vooraf rekening wordt gehouden met alle vertragende IT aspecten die kunnen optreden bij het realiseren van producten in de online wereld.

3.16 Niemand wil een onbekende reiziger op schoot

High Performance computing is niet nieuw. Net als problemen die bedrijven ervaren bij inzet van kritische bedrijfsinformatiesystemen rond de aspecten betrouwbaarheid, snelheid, foutbestendigheid en juistheid. Nog altijd blijkt dat IT systemen nét niet zo robuust zijn als verkocht of gemaakt. Niet zelden zijn helaas gebruikers (de échte klanten) uiteindelijk de dupe van falende IT systemen en worden orders verkeerd afgehandeld, zijn websites niet beschikbaar en volgt een ware lijdensweg om een aantoonbare administratieve fout bij een verkeerde factuur ongedaan te krijgen. Welkom in 2014!

High Performance Computing (HPC) is iets anders dan ontwerp, realisatie en beheer van High Performance Bedrijfsinformatiesystemen. Onder high performance computing wordt vaak verstaan: zoveel mogelijk computerrekencapaciteit om een berekening uit te voeren. Uiteindelijk zijn we zo van snelle processoren in 1995 tot ultra snelle processoren in iedere mobiel in 2014 terecht gekomen. Kan een snelle processor altijd meer? Ja, in termen van berekeningen waar computers goed in zijn. Ofwel: berekeningen met bits en bytes uitvoeren. Waar echter vaak behoefte aan is, is performance vanuit gebruiker of klant geredeneerd. Een gebruiker wil bijvoorbeeld snel inzicht in beschikbare hotelkamers in een stad, zijn vergunningaanvraag tijdig en correct behandeld zien door de gemeente of eenvoudig bezwaar kunnen indienen tegen een snelheidsovertreding.

High Performance bedrijfsinformatiesystemen kennen de volgende kenmerken:

- Foutbestendig

- Juist verwerken van gegevens (foutloos!)

- Eenvoudig aanpasbaar (om enigszins flexibel om te gaan met veranderende eisen)

- Geen dataverlies. Nooit!

- Secure. Ofwel transparant welke verschillende beveiligingsmaatregelen zijn genomen om te voorkomen dat vertrouwelijke data in verkeerde handen kan komen. En afdoende maatregelen waardoor data nooit zomaar kan wijzigen.

- Veel verschillende databronnen nodig voor effectieve werking van het systeem

- Veel gebruikers en veel belanghebbenden met soms tegengestelde belangen.

- Een systeem dat in een complexe turbulente omgeving stabiel moet blijven werken.

- Exact gebruik in de tijd lastig te voorspellen.

Ofwel samengevat: een bedrijfsinformatiesysteem dat zo snel en betrouwbaar mogelijk een (complexe) vraag afhandelt. Complexe vragen zijn de leukste puzzels om op te lossen. Ook voor computers, maar nog meer voor échte IT architecten. Een complexe vraag is bijvoorbeeld: Wat is het aantal lege treinstoelen beschikbaar op de trein van Amsterdam naar Berlijn op dag x? Het beantwoorden van zo'n vraag betekent al snel dat blijkt dat triviale IT eisen als:

- Via internet

- Binnen 3 seconden

- Betrouwbaar

- Mooie look & feel

- Meerdere talen

ook door het high performance bedrijfsinformatiesysteem moet worden ingevuld. Na doorvragen en analyse blijkt dat ook rekening gehouden moet worden met:

- Mogelijkheid tot direct boeken van lege stoel

- Meerdere mensen moeten deze vraag tegelijk kunnen stellen.

- Niemand wil een onbekende reiziger op schoot (ofwel: Eenmaal geboekt, betekent dat andere deze stoel niet meer kunnen boeken).

- Boeken gaat via een reservering en een reservering is pas mogelijk als er een borg (geld) afgeschreven kan worden.

- Integratie met complete reis (hotel, vliegreis, verzekeringen) is wel handig.

- Bij een storing moet voor iedereen (gebruiker én systeembeheerders) 100% duidelijk zijn wat de status van een boeking of reservering is.

- Privacy en beveiligingsaspecten van iedere gebruiker én transactie. Maar vaak wel graag de mogelijkheid om slimme marketingtools op historische data in te kunnen zetten.

Naast de wet van Moore is er nog één zekerheid die al heel lang geldig is in de IT: Techniek gaat kapot. Vroeg of laat doen computers het niet en laten communicatienetwerken het afweten. Het internet gaat niet heel snel stuk, maar stukjes verbindingen nodig voor end-to-end transactie afhandeling blijken na analyse vaak best kwetsbaar. Net als opslag en backup media.

Net als de zon die niet altijd schijnt of een auto die niet 10 jaar zonder onderhoud of tanken kan rijden is het ook nu nog onmogelijk dat een IT systeem nooit fouten geeft. Simpelweg omdat informatie systemen gemaakt zijn van hardware componenten waarbij op de rand van elementaire elektronische (ofwel natuurkundige) principes zeer complexe ontwerpen zijn gemaakt. Veelal om de ultra snelle berekeningen op elementair bit niveau nog sneller te kunnen doen. Veel hardware en software fouten op laag niveau blijven gelukkig verborgen voor de software componenten van een bedrijfsinformatiesystemen. Maar bij het ontwerpen van bedrijfsinformatiesystemen waarbij goed of fout het verschil kan beteken tussen: Boeking gelukt, geld overgeschreven, treinreis gereserveerd, treinwissel omgezet of juiste medicijn tijdig toegediend is het wel zo fijn om inzichtelijk te hebben hoe een systeem omgaat met fouten en toch kan ook snel kan performen. Want lang wachten willen we ook niet. En absurd hoge bedragen voor IT oplossingen zijn toch ook niet meer van deze tijd. Toch?

Simpele oplossingen voor complexe problemen bestaan helaas niet. Gelukkig weten we na meer dan 40 jaar ontwerpen en gebruiken van IT systemen hoe het niet moet. Bij het verbeteren en ontwikkelen van high performance bedrijfsinformatie systemen hanteren we bijvoorbeeld de volgende lessons learned:

- Vertrouw niet blind op de ideale oplossing op papier van een leverancier. Zeker wanneer onvoldoende transparant is waar op de wereld deze oplossing voor exact hetzelfde probleem ook zo wordt ingezet.

- Infrastructuur is niet eenvoudig schaalbaar, maar kent vaak harde grenzen. Ook bij 'Cloud' oplossingen.

- De ideale oplossing voor een specifiek probleem bestaat niet.

- Dé oplossing voor een high performance bedrijfsinformatiesysteem is nooit alleen een technische oplossingen. De menselijke factor en organisatorische aspecten mogen bij het architectuur- en ontwerptraject niet genegeerd worden.

Een high performance bedrijfsinformatiesysteem betekent dat is nagedacht over:

- Wat is de context voor snelheid (performance) en voor wie?

- Hoe wordt met fouten omgegaan?

- Hoe is het systeem robuust gemaakt voor bedieningsfouten (Ofwel: ook IT systeembeheerders maken wel eens een typefout.)

- Hoe is met de natuurlijke onbalans tussen (systeem)snelheid, betrouwbaarheid herstelbaarheid omgegaan? Kan de actuele status van een systeem snel hersteld worden?

- Zijn software wijzigingen eenvoudig mogelijk?

- Is het systeem eenvoudig aan te passen bij wijzigingen in het proces waarvoor het systeem wordt ingezet?

- Is het systeemontwerp eenvoudig te doorgronden?

- Kan het bedrijfsinformatiesysteem gebruik maken van (open) cloud diensten als storage of CPU kracht (compute power) omdat ontkoppeling technisch goed is doorgevoerd?

- Hersteld het bedrijfsinformatiesysteem zichzelf na een fout?

- Kan het systeem omgaan met een onvoorspelbare piekbelasting van 10 tot 10000x de normale belasting?

- Welke open standaarden en ontwerpprincipes worden gebruikt?

- Slim gebruik en hergebruik van open oplossingen in onderdelen van het te realiseren systeem. Waarom dus zelf nog oplossing bedenken voor triviale problemen die al heel vaak zijn opgelost? Denk voor IT onderdelen bijvoorbeeld aan high performance webservers, redundant storage oplossingen (HAST) of intelligente middleware lagen.

Anno 2014 is het zinloos om zelf het perfecte high performance bedrijfsinformatiesysteem compleet zelf te ontwerpen en te realiseren. De faalkans is enorm en de kans dat slim gebruik wordt gemaakt van bestaande optimalisaties voor deelproblemen is dan klein. Vanuit een systeembenadering is het echter per definitie noodzakelijk om alle facetten in beschouwing te nemen. Te vaak wordt helaas alleen gekeken naar één enkel aspect. Waarbij vaak veel tijd wordt gespendeerd aan IT oplossingen, zonder te kijken naar het proces waarin de oplossing moet werken. Natuurlijk is inzoomen in het ontwerpvraagstuk via subsystemen of aspectsystemen uiteindelijk noodzakelijk, maar een goede analyse en verdeling in subsystemen, aspecten levert uiteindelijk blijvende winst en voorsprong op. In kwaliteit, maar ook in tijd en geld!

3.17 Waar komen fouten toch vandaan?

Fouten in IT komen helaas veel voor. Soms met dramatische gevolgen voor onze veiligheid, maar veel meer uiteindelijk resulterend in ergernis voor bedrijven en klanten. Maar computers maken nooit fouten: Het is 1 of 0, ofwel goed of fout. Simpel eigenlijk, maar waar komen fouten in de IT toch altijd weer vandaan?

Requirements ofwel eisen waaraan een systeem moet voldoen zijn cruciaal voor het voorkomen van fouten. Maar is het nu anno 2014 écht noodzakelijk om alle triviale eisen ook expliciet uit te schrijven? Zo zijn belangrijke eisen op het gebeid van:

- performance

- omgevingsomstandigheden

- betrouwbaarheid

- onderhoudbaarheid en

- beveiliging

zelden volledig uitgewerkt. En het kan voor het ontwerpen van bijvoorbeeld een kassasysteem toch wel verschil maken of deze moet functioneren op een markt in zonnig Afrika, waar de stroom vaak weg valt, of bij de ingang van een stadion, waarbij iedere seconde wachten er één te veel is. Veel 'standaard' eisen die aan een bepaald type systeem gesteld moeten worden zijn gelukkig beschikbaar via standaard uitgeschreven normenkaders ontwikkeld door industrie en/of wetgevers. Het voldoen hieraan is vaak noodzakelijk. Vaak zijn eisen voor een systeem niet expliciet beschikbaar wanneer een architectuur of ontwerp wordt opgesteld. Zeker triviale eisen als minimale performance eisen en eisen die aan bediening of onderhoud van een systeem gesteld worden kunnen leiden tot een explosie van budget in de ontwerpfase. En natuurlijk is de vraag stellen relevant: Wie is nu eigenlijk verantwoordelijk voor het impliciet meenemen van de triviale eisen? Bijvoorbeeld de software moet werken in een browser? Of als ik op de knop 'print' druk wil ik een printje. Zelfs in een trein of vliegtuig!

Eisen roepen vaak veel vragen op. Een dialoog over iedere eis is vaak cruciaal om de impact en eis te begrijpen. Zo roept een eis als 'de software moet werken in een browser' de volgende vragen op:

- Moet de software werken in een browser op een smartphone, tablet of desktop pc?

- Is het de bedoeling dat de gemaakte software onafhankelijk van een specifieke browserversie werkt? Ofwel worden meerkosten geaccepteerd bij gebruik van een nieuwe Microsoft browser? Of voelt de klant zich dan direct opgelicht?

- Dient de software aan webstandaarden te voldoen? Zoals bijvoorbeeld html5, zodat look & feel verschillen tussen verschillende browsers makkelijker op te lossen zijn?

- Dient het werken van de software identiek te zijn in iedere browser voor ieder platform? Inzet van een aparte software laag om dit mogelijk te maken is dan vaak vereist, alleen al omdat de implementatie van webstandaarden, zoals bijvoorbeeld html5, niet identiek is in iedere browser.

Om uiteindelijk fouten te voorkomen bij vrijgave van een systeem is testen noodzakelijk. Primair om de meest ernstige fouten nog op te lossen, maar secundair om de dialoog te starten met de klant over welke vervelende facetten in het systeem nu eenmaal het resultaat zijn van het ontbreken van de juiste requirements, resources, tijd of budget om alles op orde te brengen. Automatisch testen van systemen en software is cruciaal om kosten onder controle te houden en kwaliteit van het testproces los te koppelen van de toevallige oplettende beta-tester. Helaas is automatisch testen van software systemen nog altijd niet een defacto standaard in de IT industrie. Hierdoor betaald een klant vaak via hoge onderhoudskosten de rekening, naast de vaak voortdurende frustratie waarom simpele wijzigen enorme kosten met zich mee brengen. Simpele wijzingen waarop automatisch testen veel voordeel geeft zijn:

- wijziging van hardware

- wijziging van operating systeem

- wijziging van browser

- wijziging van look&feel van een systeem

- wijziging van database of datamodel aanpassing

- toevoeging van nieuwe functionaliteit

- toename van aantal gebruikers

Veel omgevingsfactoren waarin een systeem werkt kunnen bedoeld of onbedoeld invloed hebben op de werking van een systeem. Door automatisch testen is de impact snel te bepalen. Hierdoor kan de levensduur van systemen vaak zonder extreme kosten eenvoudig worden verlengd.

Fouten in een systeem zijn bij grote complexe systemen niet te voorkomen. Wel de wijze om de gevolgen van fouten te minimaliseren. Bij het proces om systemen goed op te leveren is een juiste interactie tussen de vele betrokken disciplines cruciaal. Zo is het ondenkbaar dat requirements engineers niet goed afstemmen met software programmeurs en is het wenselijk dat architecten in de architectuur al oog hebben voor de wijze waarop de verschillende onderdelen automatisch te testen zijn.

Iedere goede programmeur maakt fouten. Deze zijn helaas vaak direct zichtbaar. Maar ook architecten en engineers betrokken bij realisatie van een systeem maken fouten. Veel fouten in de ontwerpfase blijven echter vaak lang onzichtbaar. Maar in een goed ontwerpproces wordt gebruik gemaakt van geautomatiseerde testfaciliteiten om fouten zo snel mogelijk te vinden en op te lossen. Want hoe later in het proces fouten naar voren komen, hoe duurder het repareren van de fouten wordt. Als het nog gebeurt…

3.18 Architectuurraamwerk voor

samenwerking tussen bedrijven

Veel problemen en uitdaging op business IT vlak ontstaan wanneer bedrijven willen of moeten samenwerken. Over de wijze waarop samenwerking vanuit bedrijfskundig optiek vorm gegeven kan worden zijn veel organisatietheorieën beschikbaar. Ook op IT technisch vlak zijn veel mogelijkheden om integratie te laten slagen. De praktijk laat toch vaak mislukkingen zien. Zonde want verrassend vaak zijn de mislukkingen goed verklaarbaar van voorspelde uitdagingen die vanuit de theorie vooraf onderkend moeten worden.

In EU verband is een zeer omvangrijk programma geweest rond IT integratieaspecten tussen bedrijven. De naam van dit programma was 'Athena' wat staat voor 'Advanced Technologies for Interoperability of Heterogeneous Enterprise Networks and their Application'. Hierover is veel in wetenschappelijke tijdschriften gepubliceerd en ontwikkelde inzichten zijn ook nu nog altijd zeer goed bruikbaar.

Barrières om effectief te kunnen samen werken bevinden zich op conceptueel, technologisch en organisatorisch niveau. Daarnaast zijn er op ieder aggregatie niveau waarop afstemming en samenwerking nodig is nog specifieke problemen bij samenwerking. In onderstaande afbeelding is dit schematisch weergegeven.

INTEGRATIE UITDAGINGEN TUSSEN BEDRIJVEN

Niveau / barrière	Conceptueel	Technologisch	Organisatorisch
Business	Semantische incompatibiliteit	ICT incompatibiliteiten	Organisatorische incompatibiliteiten
Proces Service	Semantische en syntactische incompatibiliteit		Incompatibiliteiten van autorisaties en verantwoordelijkheden
Data	Semantische incompatibiliteit		Incompatibiliteiten van verantwoordelijkheden

Growth
Organisatieontwerp.nl

Het mooie van een goed doordacht referentie framework is dat het resultaat van veel denkwerk reeds gedaan is. Zo kan door gebruik te maken van de producten van het Athena project direct gewerkt worden aan de cruciale vragen, zoals:

- Wat wordt het samenwerkingsmodel?

- Wat is het voordeel van de samenwerking?

- Hoe ziet de besturing van de samenwerking eruit?

- Hoe zichtbaar moet de samenwerking zijn?

- Welke definities en begrippen worden gehanteerd over beide organisaties?

- Hoe moet interactie plaatsvinden?

- Hoe wordt op IT gebied geïntegreerd?

- Hoe wordt omgegaan met beveiligingsaspecten en privacy?

Doordat de opgestelde referentie architectuur zeer breed en diepgaand is uitgeschreven, ligt het zeer voor de hand dat bij het oplossen van integratieproblemen in de praktijk veel winst gehaald kan worden door van dit framework gebruik te maken.

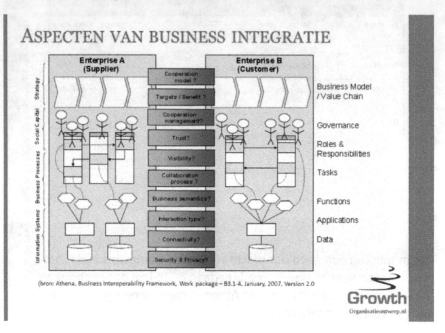

(bron: Athena, Business Interoperability Framework, Work package – B3.1-4, January, 2007, Version 2.0)

Omdat ook een agile aanpak bij business integratievraagstukken noodzakelijk is, is ook de Athena methodologie gebaseerd op iteraties waarbij de fasering natuurlijk sterk aan een RUP aanpak doet denken.

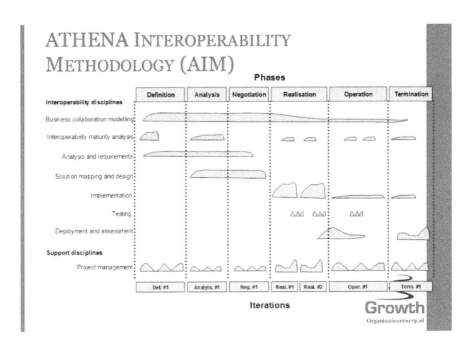

Naast het Athena architectuur referentieframework zijn er natuurlijk meer van dit soort frameworks in omloop. Besturing leert echter dat de waarde zit in enerzijds de praktische toepasbaarheid en anderzijds de mate waarin een referentie kader bewust ruimte laat voor context afhankelijke beslissingen die als verplicht kader worden.

3.19 De architectuurtool: Hulpmiddel of noodzaak?

Voor bijna ieder werkproces wordt vanuit architectuur gekeken naar hoe het werkproces ondersteund kan worden met IT middelen. Soms is inzet van IT zelfs bedrijfskritisch, maar soms ook contraproductief. Ook activiteiten die architecten uitvoeren kunnen natuurlijk ondersteund worden door een architectuurtool. Maar de vragen zijn dan direct: Welke ondersteuning is gewenst, hoe kan dit worden ingevuld en waarmee is een architect nu echt geholpen?

Het selecteren van de juiste architectuurtool hoort kan net als ieder andere project onder architectuur worden uitgevoerd. Dit betekent dat eerst eisen en wensen verzameld moeten worden. Daarna kan vanuit de verzameling eisen en wensen een score aan de gegroepeerde requirements door alle betrokken stakeholders worden gegeven. In onderstaande figuur is een voorbeeld van een mogelijke matrix gegeven waarin aspecten gegroepeerd gewogen kunnen worden.

EA TOOL SELECTIE

Aspect	Enterprise architect	Architectuur sponsor	EA manager	Informatie architect	Business architect	Solution architect	lijnmanager	Totaal Score
Methodologie/ Modellen ondersteuning								
Model ontwikkeling								
Uitbreidbaarheid aanpasbaarheid								
Automatische taak uitvoering								
Analyse								
Kosten en leveranciers support								
Rapportage								

Growth
Organisatieontwerp.nl

Een van de belangrijkste aspecten van een Enterprise Architectuurtool is ondersteuning bieden voor verschillende architectuurmethodes en modelleringstalen. Door het gebruik van een uniforme modelleringstaal kunnen architecten onderling spraakverwarring voorkomen. Daarnaast is het wenselijk om aandacht te hebben voor ondersteuning van visualisaties, impact analyses en de wijze waarop een (architectuur)change proces door een tool wordt ondersteund.

Het is goed om te realiseren dat verschillende modelleringstalen en architectuurmethodes niet snel zullen convergeren naar een uniforme standaard. Dit betekent dat wanneer meerdere architecten vanuit verschillende afdelingen, disciplines en business units met dezelfde tool dienen te werken, ondersteuning voor meerdere modelleringstalen en architectuurmethodes handig kan zijn. De volgende zaken zijn bijna een must-have voor iedere serieuze EA tool:

- Ondersteuning van BPMN (Business Processs Modeling Notation). BPMN is een veel voorkomende standaard voor het grafisch weergegeven en modelleren van bedrijfsprocessen.

- IDEF ondersteuning. IDEF is de afkorting van 'Integration Definition'. IDEF staat voor een aantal conventies voor modellering die veel bij Amerikaanse overheden en specifiek bij het Amerikaanse leger (DoD-Department of Defense) wordt gebruik voor architectuurmodellering. Bijna iedere EA tool zal daarom IDEF0 (functionele modellering) en IDEF3 (procesbeschrijvingen) moeten ondersteunen.

- Archimate. Archimate is de nieuwe architectuurmodelleringstaal vanuit de Open Group.

- TOGAF. Ondersteuning van de TOGAF ADM architectuuraanpak kan erg behulpzaam zijn indien binnen een organisatie vanuit TOGAF architectuur wordt bedreven.

Een van de belangrijkste zaken voor architecten is communiceren met stakeholders. Daarom is het extra van belang om goed te kijken naar rapportage mogelijkheden die worden geboden door een tool. De volgende vragen kunnen relevant zijn:

- Is het mogelijk om modellen te genereren, bewaren en exporteren naar opmaat gedefinieerde grafieken?

- Is het mogelijk om output in HTML te generen, inclusief diagrammen en tekst?

- Is exporteren naar MS Word, Open Office en Latex formaat mogelijk?

- Kunnen resultaten naar een spreadsheet (csv) worden geëxporteerd?

- Kan de tool een samenvatting van het architectuurlandschap enof wijzingen standaard publiceren?

- Kan de tool een samenvatting produceren waarin een mapping staat hoe de verschillende onderdelen met elkaar samenvallen (relaties)?

- Zijn standaard rapportages templates te maken (MSWord / HTML / PDF)?

- Is in een rapportage voor stakeholders een 'dril-down' mogelijk?

- Is het mogelijk om een export te maken naar MS Visio,SVG of powerpoint voor optimalisatie van afbeeldingen?

- Ondersteund de tool zoekopdrachten?

- Is het mogelijk om gedefinieerde views (targets of baselines) per aspect op basis van voor gedefinieerde events of tijdstippen te publiceren?

Anno 2012 is het gebruik van architectuurhulpmiddelen voor veel bedrijven noodzakelijk om eenvoudiger grip te houden op het complexe landschap en nog complexere veranderingstrajecten. Indien een architectuurtool goed wordt ingezet kan de meerwaarde van architectuur voor een bedrijf snel toenemen.

3.20 De architectuurcrisis!

Al ver voor de grootste financiële crisis in deze eeuw werd ook een iets minder bekende schuld onverantwoord hoog opgebouwd. De IT schuld. Echter ook na de wereldwijde wake-up-call eind 2008, is het opbouwen van schuld in architectuurland nog altijd een zeer hardnekkige gewoonte. Ondanks dat we in 2002 beloofden dat al onze nieuwe systemen web-based, modulair en onafhankelijk van andere systemen moesten werken ('loosly coupled'), het is anno 2014 nog altijd niet gelukt. Sterker nog de architectuurschuld neemt nog steeds iedere dag toe!

Architectuurschuld kan worden gezien als het tijdelijk afstappen van een zeer goed architectuurprincipe. Vaak onder het motto dat we de schuld later wel zullen voldoen. Ofwel: binnen niet al te lange tijd verbouwen we het systeem zodat het wel in lijn is met de architectuurprincipes, maar nu even niet. Reden voor het opbouwen van een architectuurschuld zijn bijvoorbeeld:

- Een zeer confronterende opleverdatum;

- Een iets wat optimistische business case, waar nét geen plaats is voor het voldoen aan de zorgvuldig afgestemde Enterprise Architectuurprincipes;

- Tekort aan budget. Goed voor lange termijn is nu eenmaal vaak net wat duurder dan goed genoeg voor nu.

- Geen pijn voor projectarchitecten en projectmanagers bij het afwijken van architectuurprincipes. Na oplevering van het project vertrekken de projectarchitecten en managers naar een volgend project. Binnen of buiten de organisatie. De pijn van de opgebouwde architectuurschuld wordt gevoeld door de exploitatieafdelingen en wordt vaak zichtbaar door de jaarlijkse stijgende exploitatiekosten om allerlei exotisch gebouwde systemen werkend te houden.

Het constateren en bewust opbouwen van architectuurschuld is eenvoudig en kost relatief weinig tijd en geld in vergelijking met het wegwerken van deze schuld. De analogie met een financiële schuld is dan ook snel gemaakt. Betalen met een creditcard is handig. Maar bij het te lang wachten met aflossen van de schuld stijgen de kosten exponentieel. De schulden betalen met een andere creditcard lost het probleem natuurlijk niet echt op, maar in de IT architectuurwereld doen we dit helaas wel vaak.

Bij veel legacy systemen is de opgebouwde architectuurschuld namelijk dermate groot, dat de 'credit card' optie wordt toegepast. Voor een nieuwe uitbreiding wordt een extra stuk architectuurschuld bijgebouwd. Vaak via een extra interface via een service-oriented architectuurconcept om zo op papier een kloppende architectuurbalans te hebben. In werkelijkheid wordt de schuld echter groter en groter, wat vaak pijnlijk duidelijk wordt bij een simpele wijziging die vanwege wetgeving of reorganisatie intern in een systeem moet worden doorgevoerd.

Het verschijnsel van architectuurschuld is eenvoudig te verklaren voor wie het begrip 'Hyperbolic discounting' kent. Ofwel de exponentiele kromme (Hyperbool) waar ons brein maar moeilijk mee overweg kan. In het kort betekent het dat iets wat vandaag goed lijkt aantrekkelijker is dan iets waarvan we weten dat het in de toekomst beter is. Een kleine concessie op architectuurvlak versneld het project, we weten dat het niet goed is, maar toch geeft deze korte termijn beslissing ons een goed gevoel ondanks dat we weten dat het op lange termijn desastreus kan zijn. Architectuur is nu eenmaal niet nodig om op korte termijn een werkend systeem op te leveren. Wel is architectuur noodzakelijk om op lange termijn kosten beheersbaar te houden en het systeem wendbaar te houden.

Voor mensen is het erg moeilijk om effecten en kosten voor lange termijn goed in te schatten. Wie kan bijvoorbeeld direct kosten voor performance verbeteringen, functionele wijzigingen of operationele beheerkosten voor lange termijn goed inschatten? Toch gaan software systemen vaak veel langer mee dan de initiële business case. Zelden stoppen we geheel met een systeem of technologie. Zo vinden we nog overal obscure programmeertalen, exotische alles-in-een ERP pakketten en worstelen we dagelijks om applicaties op onze mobiel of tablet werkend te krijgen.

Een paar uur langer nadenken voor je het voorstel doet om architectuurschuld op te bouwen kan soms nét het verschil maken. Maar kiezen voor het beperken van de architectuurschuld binnen een bedrijf zal een architect zelden de populariteitsprijs opleveren...

3.21 Universele documentatie

Bij het maken of verbeteren van een applicatie of IT systeem wordt vaak veel documentatie gemaakt. Dit wordt als duur en onnodig ervaren. Door de enorme opkomst van agile, scrum, lean, devops en andere verwante agile ontwikkelmethodieken komt het belang van documentatie onder druk te staan. Maar kunnen we écht met minder documentatie af?

Natuurlijk niemand is gek op het maken van enorme documenten die zelden worden gelezen. Laat staan begrepen. Denk aan analyse studies, uitgebreide use-case beschrijvingen, systeem handleidingen, beheerdocumentatie en niet te vergeten procesdiagrammen waarop op conceptueel niveau bedrijfsfuncties op conceptuele of logische applicatie functies worden afgebeeld. Wetende dat een werkend systeem betekent werkende en geteste broncode, is het natuurlijk niet gek dat de nadruk binnen agile ligt op coderen in plaats van specificeren en beschrijven. Investeringen in IT zijn al duur genoeg en hoe minder overhead hoe beter.

Onzinnige documentatie is duur en change managers, risico managers en architecten hebben de nare neiging om via strakke kwaliteitswaarborgen nog altijd papier te willen zien en goedkeuren voordat systemen of aanpassingen in producten mogen. Binnen de scrum en devops gedachte bots dit. Het proces wordt vertraagd doordat het snel iteratief aanpassen of maken van een systeem tegen procedures en mensen aanloopt die niet volledig in de scrum gedachte mee zijn gegaan.

Kwaliteitswaarborgen zijn altijd handig. Een beetje vertraging vinden we als klant helemaal niet erg. Zeker niet als het om software of systemen gaat waar mensenlevens op het spel staan. Denk bijvoorbeeld aan:

- Verkeersbegeleidingssystemen (weg, lucht, spoor). Denk aan ERTMS, het nieuw te realiseren beveiligingssysteem voor het spoor.

- Medische systemen.

- Communicatie systemen (o.a. meldkamers en defensie systemen)

Maar natuurlijk zijn kwaliteitswaarborgen ook noodzakelijk als het gaat om financiële transactie systemen. Niets zo vervelend als problemen in het betalingsverkeer.

Source code is documentatie. Een goede programmeur heeft een gezonde hekel aan het schrijven van documentatie. Zeker het schrijven van documentatie die niet met de source code mee gecompileerd kan worden. Ondanks de uitgebreide mogelijkheden om source code écht als documentatie te gebruiken (denk aan de vele tools waarmee documentatie over de werking van een programma automatisch gegeneerd kan worden, inclusief testdocumentatie) mist er iets.

Source code is niet universeel. Niet iedereen snapt nu eenmaal C#, C++, .NET, Ruby, Python, Go, Java of een ander dialect. Daarnaast wordt binnen source code zelden vast gelegd:

- Welke architectuur gebruikt is voordat met realiseren is gestart;

- Wat de ontwerp beslissingen zijn;

- Welke requirements input zijn geweest voor de functionaliteit;

- Wat het beveiligingsontwerp is wat ten grondslag heeft gelegen aan de uiteindelijke code;

- Wat de kwaliteitseigenschappen zijn van het systeem (denk aan performance, aanpasbaarheid, disaster recovery mogelijkheden etc)

Source code is te wijzigingen, maar architectuur wijzigingen zijn vaak zeer lastig en erg duur. Architectuur beschrijvingen horen daarom ook over de 'belangrijkste' zaken te gaan, beslissingen die niet simpel te wijzigen zijn.

Natuurlijk een gebruikershandleiding op papier zou voor een systeem anno 2015 voltooid verleden tijd moeten zijn. Via een doordacht User Interface ontwerp(UX) zou bediening kinderspel moeten zijn. Aanwijzingen voor gebruikers behoren op maat gegeven worden, afhankelijk van de bewegingen van de gebruiker op het interface scherm.

Universele documentatie is nog altijd documentatie gemaakt om het systeem te ontwerpen en te beheren of in het ergste geval opnieuw te maken. Universele documentatie is informatie die voor iedereen leesbaar en toegankelijk is. In het Nederlands, Engels of andere taal. Liefst met veel afbeeldingen (platen) omdat beelden nét nog wat universeler zijn dan tekst.

Het is gelukkig niet moeilijk om vooraf te bepalen welke documentatie nu écht van belang is. Doordat er veel ervaring is met rampen, missers, hardnekkige IT problemen en uitdagingen bij applicatie uitbreidingen, weten we dit. Architectuur is bij uitstek faciliterend bij het sneller en beter realiseren van IT projecten. Hiermee verdienen architecten zich altijd terug.

3.22 XML, YAML of toch maar JSON?

Bij ieder serieus IT project speelt data uitwisseling een belangrijke rol. Zeker in CMS projecten, zoals Drupal, maar eigenlijk in ieder project waar data bewerking, data verwerking, data uitwisseling en data opslag een rol speelt.

De natuurlijke neiging is om voor een uitwisselingsprobleem een XSD (XML Schema Definition Language) te ontwerpen, om structuur vast te leggen voor de XML bericht semantiek tussen verschillende services. XML staat voor Extensible Markup Language.

Aangezien Drupal grotendeels OO is opgezet ligt het voor de hand om XML te kiezen als standaard om data integratie in Drupal 8 verder vorm te geven. Vanuit de afgelopen DrupalCon conferenties is namelijk duidelijk aangegeven dat het meer dan wenselijk is om Drupal als centrale data integratie hub voor de toekomst te willen positioneren. Vooral natuurlijk binnen grote instellingen en bedrijven waar vele interne en externe data bronnen moeten worden uitgewisseld. En alle data centraal benaderbaar via het Drupal CMS is natuurlijk gewoon een mooie visie!

Vereist is dan wel een beter inzicht in hoe integratie tussen Drupal eigen services, maar vooral tussen externe services gestandaardiseerd moeten worden.

Er zijn veel vergelijkingen gedaan tussen XML, JSON en YAML de afgelopen jaren. JSON staat voor JavaScript Object Notation en is een zeer efficiënte taal om data uitwisseling te standaardiseren. YAML staat voor "YAML Ain't Markup Language" , maar de afkorting stond ooit voor "Yet Another Markup Language". YAML is ontwikkeld als beter alternatief voor XML.

Tegenwoordig is gelukkig voor veel architecten duidelijk dat XML niet altijd de beste keus is voor data uitwisseling. Echter vanuit wetenschappelijke hoek, ofwel herhaalbaar objectief onderzoek zijn er helaas weinig deugdelijke resultaten beschikbaar. Op vele blogs en lectuur weet natuurlijk iedereen wat het beste is. Helaas is de werkelijkheid complex, aangezien de keus grotendeels afhangt van de volgende context afhankelijkheden:

- Data sets

- Kennis binnen een organisatie

- Gewenste niveau van flexibiliteit op data sets

- Volwassenheid op SOA en OO denken en doen

- Performance eisen

- Integratie eisen en toekomstige integratie mogelijkheden

- Implementatie taal (zoals C, C++, C#, java, perl, python, javascript, .net, tcl, php, lisp)

In onderstaande tabel zijn enkele elementen vergeleken:

Aspect	XML	YAML	JSON
Beschikbare parsers	++	+	+
Object serialisatie	++	+	-
Leesbaarheid	++	+	-
Uitbreidingen	++	+	-
Performance	-	+	++

Natuurlijk ontbreken in deze vergelijking het daadwerkelijke data uitwisselingsprobleem. Maar ook beveiligingsaspecten dienen niet onderschat te worden. Beveiliging gaat over data, de wijze waarop data getransporteerd wordt en de parsing van de data. XML is door ontwikkeld met vele beveiligingsextensies voor beveiliging van data objecten tot doorgegeven van authenticatie tokens via een XML structuur. YAML en JSON beveiligingsaspecten liggen meer op het vlak van parsing, waarbij JSON vaak een iets ander risico profiel heeft, aangezien de neiging bestaat om JSON te parsen via een Javascript parser.

JSON is primair ontwikkeld als effectieve en simpele manier om data uitwisseling mogelijk te maken. Veel JSON structuren gaan door parsers en JSON is niet geoptimaliseerd voor mensen om direct structuur te kunnen doorzien. JSON ondersteund goed een simpele hiërarchie die is opgebouwd vanuit associatieve arrays of lijsten. natuurlijk bestaan er ook bij JSON extensies voor het omgaan met object referenties.

YAML is ontwikkeld vanuit oogpunt van menselijke leesbaarheid en uitbreidbaarheid. YAML is dan ook goed voor mensen leesbaar, mede door de verplichte witruimtes in regels om structuur aan te geven. YAML ondersteund default object referenties en relationele structuren. Dit maakt het mogelijk om in YAML net als in XML eenvoudig cyclische datastructuren met diepe hiërarchie vast te leggen.

YAML is geen XML, maar kent door de efficiëntere structuur wel een aantal grote voordelen boven XML. Door de explosie van XML en XML gebaseerde standaarden de afgelopen 10 jaar is het logisch dat om redenen van effectiviteit en performance YAML en JSON meer en meer gebruikt worden.

Zeker bij geavanceerde event driven message driven architectuuroplossingen, waarbij miljoenen berichten in korte tijd verwerkt en doorgestuurd moeten worden is XML door de overhead vaak te kostbaar. Wat wijsheid is voor data integratie blijft echter afhangen het exacte probleem wat moet worden opgelost. Maar gezien de hoeveelheid parsers die XML naar YAML of JSON naar XML en YAML kunnen omzetten is een keus ook weer relatief.

4 Architectuur en Beveiliging

IT Beveiliging en privacy zijn onderwerpen die dagelijks het nieuws halen. Terecht. Als bruggen net zo vaak zouden instorten als IT systemen gegevens ongewenst prijs geven, dan zou niemand meer over een brug durven te rijden. IT Beveiliging en privacy maatregelen in een architectuur zijn vaak onzichtbaar. Als deze aspecten al in de architectuur zijn meegenomen. Het inloggen en toepassen van encryptie zijn maatregelen die zonder goede bovenliggende architectuur vaak meer kwaad dan goed kunnen doen. Soms komen pas jaren later consequenties van het niet meenemen van beveiligingsaspecten aan het licht. Architectuur en ontwerpfouten herstellen is nog altijd veel goedkoper dan later een verkeerd neergezette fundering proberen te herstellen. Beveiliging en privacy aspecten zijn in IT architectuur nog altijd geen vanzelfsprekendheid.

De artikelen in dit hoofdstuk gaan in op de bijzondere aspecten en relatie tussen IT architectuur en beveiliging.

4.1 Jericho beveiligingsarchitectuur: de beloftes waargemaakt?

Architectuur levert winst op. Op korte, maar vooral op lange termijn. Daadwerkelijk bepalen of en hoe een architectuur winst op heeft geleverd is lastig en gebeurt helaas niet altijd. In 2007 heeft een groep architecten het initiatief genomen om een paradigma verschuiving op het gebied van denken en omgaan met beveiliging tot stand te brengen.

De uitdagingen voor een beveiligingsarchitect zijn nog altijd groot:

1- IT Kosten en complexiteit moet omlaag.

2- Bedrijfsmodellen worden meer en meer open, waardoor iedere vorm van samenwerking ondersteund moet worden. Beveiliging als remmende factor wordt niet langer geaccepteerd.

De Jericho beveiligingsarchitectuur is ontleend aan het besef dat samenwerking over open internetverbindingen noodzakelijk wordt voor meer en meer bedrijven. Het samenwerken tussen verschillende mensen, bedrijven en processen (met diensten) is gebaseerd op: Vertrouwen, reputatie en identiteit. Binnen het Jericho denken is beveiliging opgedeeld in lagen:

- Beveiliging van netwerk
- Beveiliging van servers
- Beveiliging van applicaties en
- Beveiliging van data

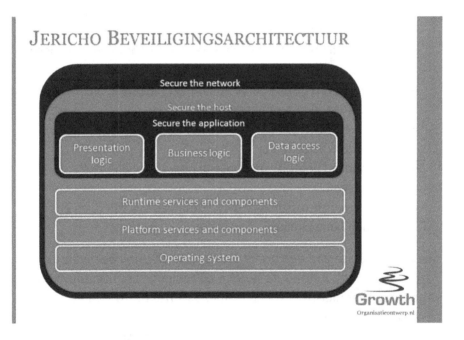

De Jericho beveiligingsarchitectuur is een architectuur die is opgebouwd uit principes. De principes komen voort vanuit het denken in de gewenste flexibele samenwerkingsvormen die nodig zijn. Om flexibel te kunnen samenwerken is een logische verbinding nodig tussen mensen, processen en technologie. Los van de geografische locatie. Het Jericho procesmodel is opgebouwd uit zeven processen of modules die op een flexibele manier relaties met elkaar kunnen hebben. Belangrijke processen zijn:

- Authenticatie
- Autorisatie
- Data classificatie
- Encryptie
- Verantwoording

De voordelen van de Jericho beveiligingsarchitectuur zijn:

- Een op de Jericho beveiligingsarchitectuur principes gebaseerde architectuur borgt flexibiliteit, procesoptimalisatie en beschermd de belangrijkste informatiebeveiligingsobjecten.
- Verhoging van de efficiëntie van de bedrijfsprocessen. Beveiliging is niet langer een remmende factor.
- De mogelijkheid om vertrouwde ketens met andere bedrijven en partners op te zetten.
- Eenvoudiger gebruik van publieke netwerken en cloud oplossingen
- Meer synergie tussen bedrijven. Door gebruik van open principes en open bouwblokken.

Het belangrijkste van een architectuur zijn de principes waarop deze is gebouwd. Binnen de Jericho beveiligingsarchitectuur zijn 11 geboden gedefinieerd. Geboden zijn zoals het hoort vanuit beveiliging dwingend.

1- De scope en het niveau van beveiliging moet specifiek en doelmatig zijn voor het risico van het object.
2- Beveiligingsmechanismes moeten dwingend, simpel, schaalbaar en makkelijk te beheren zijn.
3- Ga na wat de context is voor waar je risico's ziet.

4- Technische componenten en applicaties gebruiken open veilige protocollen om te communiceren.
5- Alle componenten binnen een security context moeten beveiligingsinstellingen kunnen onderhouden binnen een niet vertrouwd netwerk.
6- Mensen, processen en technische objecten dienen transparante vooraf ingestelde niveaus van vertrouwen te hebben.
7- Wederzijds vertrouwen moet vastgesteld kunnen worden. (Denk hier bijvoorbeeld aan vaststellen van de geldigheid van een digitaal certificaat.)
8- Authenticatie, autorisatie en verantwoording van activiteiten moet binnen en buiten de lokale context mogelijk zijn.
9- Toegang tot data moet gecontroleerd kunnen worden vanuit attributen binnen het data object zelf.
10- Data privacy vereist het scheiden van functies en rechten.
11- Default moet data adequaat worden beschermd. In rust en gedurende transport.

Met de verdere opkomst van open beveiligingsprotocollen, beter uitwisselbare beveiligingsproducten en diensten, het soms al veranderde denken over beveiliging kan geconcludeerd worden dat de Jericho beveiligingsarchitectuur al daadwerkelijk invloed heeft gehad. Maar nog belangrijker is dat nog altijd zeer veel organisaties zich sterk maken om de architectuur verder te ontwikkelen of nog betere producten en diensten hiervoor te ontwikkelen.

Jericho is geen open standaard. Het is een manier van denken en omgaan met informatiebeveiliging in een snel veranderde internetwereld. Ook cloud computing zal beter werken voor organisaties als een aantal beveiligingsproblemen worden opgelost. Gelukkig geeft Jericho ook hier richting waarop oplossingen gezocht kunnen worden.

4.2 Naammisbruik: Niets doen is geen optie (meer)!

Doordat bijna alle bedrijven tegenwoordig enorm afhankelijk zijn van internet, is misbruik van DNS namen steeds lucratiever. Vreemd genoeg ontbreekt in veel architectuur en IT ontwerpen een gedegen analyse waaruit blijkt dat genomen risico's rond naam misbruik acceptabel zijn. Dit kan komen door gebrek aan kennis, of de complexiteit van de materie. Veel online ondernemers of bedrijven die hun klanten online bedienen zijn zich niet bewust van dit technische feit. Vaak blijkt namelijk dat juist iets cruciaals als de afhankelijkheid van DNS bij kwetsbaarheidsanalyse niet goed is meegewogen.

Het DNS (Domain Name System) is een fundamenteel onderdeel van het internet. Het systeem verzorgt de koppeling van IP-adressen naar voor mensen begrijpelijke namen. De opslag en het opvragen van computernamen gebeurt met een wereldwijd systeem van samenwerkende DNS-servers. Deze DNS server communiceren weer met elkaar via het DNS-protocol. De kern van het DNS systeem wordt gevormd door de name-servers. Dit zijn servers die daadwerkelijk IP-adressen omzetten naar domeinnamen. De DNS-naamgeving is hiërarchisch opgebouwd en bestaat uit zones. Zones bevatten domeinnamen of verwijzen door naar een onderliggende zones. Zo is inmiddels een enorme hiërarchische boomstructuur ontstaan. Bij het ontwerp van het DNS systeem is geen rekening gehouden met misbruik van het systeem. Logisch internet zoals we dit nu kennen was er ook nog niet.

Misbruik van DNS is helaas nog altijd eenvoudig mogelijk. Zo mist het DNS protocol mogelijkheden tot validatie van de integriteit en authenticiteit van de uitgewisselde informatie. Dit betekent dat een 'gebruiker' bewust foute informatie niet kan onderscheiden van authentieke informatie. Naast ontwerp omissies bevatten bijna alle DNS implementaties helaas ook implementatie fouten in de software. Vaak ontstaan door een andere interpretatie van de richtlijn (het ontwerp) of door het toevoegen van speciale 'features' door een fabrikant of programmeur. Binnen het DNS systeem wordt gebruik gemaakt van caching. Een zeer veel voorkomende manier om een 'hack' met DNS uit te voeren is nog altijd chache poisoning. Dit betekent dat bewust foutieve informatie in het DNS cache systeem wordt ingebracht. Deze informatie wordt vervolgens door het DNS systeem zelf door gegeven aan vele DNS servers, omdat het systeem nu eenmaal zo ontworpen is. De meest voorkomende fout binnen bedrijven zijn vaak configuratiefouten. Door de complexiteit van DNS software en alle mogelijke parameters die instelbaar zijn, is een configuratie fout snel gemaakt. Kwaadwillende maken ook hier dankbaar gebruik van.

De impact van DNS misbruik kan enorm zijn voor een bedrijf. Los van het onbereikbaar zijn voor klanten, is misleiding van klanten een vorm die veel voorkomt. Misleiding van klanten heeft grote impact op klanten en op het imago van een bedrijf.
Aangezien het DNS systeem al meer dan 20 jaar bestaat in min of meer ongewijzigde vorm is gelukkig goed bekend hoe misbruik te voorkomen is. Voorwaarde is natuurlijk wel dat vanuit een architectuur of ontwerp duidelijk is:
    1- Of de huidige maatregelen voldoende zijn en
    2- Hoe preventieve maatregelen te nemen zijn.

Door de systeemfouten in het DNS systeem is er inmiddels een alternatief beschikbaar. Dit alternatief, genaamd DNSsec (DNS Secure). DNSSEC beschermt de name-server en het transport van de DNS-informatie. Daarmee wordt internet veiliger voor zowel gebruikers als voor bedrijven die online diensten aanbieden. Helaas wordt DNSsec nog sporadisch gebruikt. Echter gezien het tempo waarop grote organisaties nu DNSsec inzetten, is te verwachtten dat DNSsec de komende jaren wereldwijd een enorme vlucht zal nemen. Alle centrale infrastructuur en faciliteiten voor de ondersteuning van DNSSEC op de .nl-domeinnamen zijn inmiddels volledig operationeel. Sinds medio 2012 is DNSSEC mogelijk voor .nl domeinen. Ondanks deze korte tijd, groeit het gebruik exponentieel en is Nederland nu al koploper in gebruik van DNSSEC.

Meer aandacht vanuit architectuur voor afhankelijkheden in de IT infrastructuur, zoals gebruik van DNS of de verbeterde versie DNSSEC, maakt dat het beveiligingsniveau stijgt en onnodige kosten van simpel te voorkomen beveiligingsincidenten vermeden worden.

4.3 Beveiligingsarchitectuur voor de cloud?

De cloud is bijna hype af en het cloud hosting model zal binnen redelijke termijn tot een van de vele standaard mogelijkheden voor hosten van IT functionaliteit behoren. Cloud sourcing kan in potentie veel meer bieden dan traditionele sourcing op basis van virtualisatie. Voorwaarde is dan wel dat cloud sourcing gebeurd vanuit open api's.Voor een transitie van bedrijfskritische toepassingen naar het cloud hosting model is grip op beveiliging noodzakelijk. De belangrijkste beveiligingsrisico's voor cloud hosting zijn:

- Onveilige interfaces en API's.
- Kwaadwillende insiders binnen uw cloud en indringers van buiten.
- Dataverlies en data 'lekkage'.
- Account of service misbruik.
- Beschikbaarheid en
- Onbekend risico profiel.

Een cloud is gebaseerd op interfaces met een fysieke omgeving waarbinnen deze draait. Het kenmerk van een cloud omgeving is dat fysieke grenzen en overgangen volledig zijn afgeschermd. Althans in theorie! Slechts weinig cloud hosting providers geven echter inzicht in deze cruciale technologie. Open standaarden staan nog in de kinderschoenen. Daarnaast vormen api-calls binnen een applicatie een risico, aangezien deze api-calls vaak niet zijn ontworpen voor gebruik binnen een cloud omgeving. Ook is het via applicatie api's vaak eenvoudig mogelijk om kwetsbaarheden van een applicatie uit te buiten.

Dataverlies is ernstig, maar bijna iedere cloud provider heeft inmiddels goede recovery opties voor data. Ernstiger is echter het 'lekken' van waardevolle data zonder dat dit gedetecteerd wordt. Encryptie binnen de cloud voor data is een must, maar dan nog is het mogelijk dat data zonder detectie kan worden ingezien of gekopieerd. Alleen vanuit een integrale benadering waarbij ook wordt gekeken naar beschermings- en detectiemogelijkheden die de cloud provider biedt, is data 'lekkage' tot een aanvaardbaar niveau te reduceren. Het model waarbij de encryptiemogelijkheid voor data door de cloud provider wordt geregeld is vaak zeer kwetsbaar. Zeker omdat zelden openheid op belangrijke organisatorische aspecten rondom sleutelbeheer (key management) wordt gegeven.

Voor een goede overgang naar de cloud van bedrijfskritische IT diensten is een integrale beveiligingsarchitectuur noodzakelijk. De openheid van de cloud provider is cruciaal voor het kunnen inschatten van mogelijke kwetsbaarheden. Een bruikbaar model voor het opzetten van de verschillende cloud beveiligingsaspecten wordt gegeven in onderstaand model. Dit model is een deel van de cloud referentie architectuur die momenteel binnen de Open Group in ontwikkeling is.

Cloud Security Aspects		
Security Event Management	Software, System & Service Assurance	Access & Identity Lifecycle Management
Security Policy	Data and Information Protection	Governance
Threat & Vulnerability Management	Security Entitlement	Data policy enforcement

Onbekende risico's profiel zijn blokkerend voor iedere transitie. Daarom zijn open API's voor cloud hosting cruciaal, niet alleen vanuit beveiligingsoptiek, maar ook om snel van cloud hosting provider te kunnen wisselen. Deze API's gaan over hoe resources kunnen worden benaderd en (geautomatiseerd) worden toegewezen binnen een cloud platform. Naast het alweer wat oudere maar inmiddels meer proven Eucalyptus cloud platform zijn er nu meer en meer (open) standaarden in ontwikkeling. Juist de kracht van 'open' is dat vanuit beveiligingsoptiek niet alleen de standaard interface beschrijving beschikbaar is, maar ook 100% inzicht in de implementatie mogelijk is. Hieruit zijn vaak pas de echte kwetsbaarheden te bepalen!

4.4 No Security by Obscurity!

IT Beveiliging, in jargon ook wel IT Security of nog moderner cyber security genoemd is en blijft helaas een onderwerp wat te vaak de voorpagina's van kranten haalt. Helaas niet door de innovaties waardoor een digitale inbraak nooit meer kan voorkomen. Nog altijd haalt het falen van IT beveiliging de breaking-news-items. Creditcard gegevens, gelekte pincodes bij chip-dippen of een hongerige worm op je bitcoin verzameling.

IT Architectuur en in het bijzonder een doordachte IT beveiligingsarchitectuur zou eigenlijk een betere bescherming moeten geven dan nu vaak het geval is.

Eerst een definitie: Open security is de inzet van open source software (OSS) of open source hardware (OSH) om beter beschermd te zijn tegen IT beveiligingsproblemen.

Een open benadering betekent dat ontwikkelingen en beheer transparant zijn en iedereen kan deelnemen aan dit proces. Intellectueel werk (software, hardware of documentatie) mag door iedereen gebruikt worden.

De kerngedachte is dat juist door volkomen transparant te zijn, een open security benadering intrinsiek voor een betere beveiliging kan zorgen dan een gesloten benadering. Doordat meer mensen en organisaties de kans krijgen om producten beter te maken, is de kans dat dit gebeurt groter dan bij gesloten benaderingen. Bij een gesloten benadering is de motivatie om verbeteringen aan te brengen vaak niet alleen intrinsiek, maar ook deels gedreven door bedrijfseconomische belangen.

Natuurlijk is het zeer goed om na te denken wat beter is: Een bedrijf wat het beste beveiligingsproduct ter wereld wil maken en hier alles voor doet. Of een open benadering waaraan iedereen die het beste product wil kan meewerken?

In veel discussies of open beveiligingsoplossing beter is dan gesloten beveiligingsoplossing worden meningen en feiten veelvuldig door elkaar heen gebruikt. De voor- en tegenstanders voeren vaak een zeer harde strijd. Logisch, want in IT beveiligingsland staan grote belangen op het spel. Hét ultieme antwoord op wat beter is bestaat niet, ook voor dit onderwerp ontbreekt helaas de absolute waarheid. Wel is de gouden-oude-regel voor wie twijfelt aan een oplossing altijd handig: No Security by obscurity! Ofwel in goed Nederlands: Niet vertellen hoe de beveiliging werkt, is zelden de beste beveiliging.
Veel geld uitgeven voor beveiliging is niet erg. We kopen allemaal graag een extreem duur slot wat diefstal van onze fiets 100% voorkomt. Maar naast geld draait IT beveiliging voor een belangrijk deel ook om vertrouwen. Kunnen zien hoe iets werkt, zwakheden verbeteren, achterdeuren voorkomen of weten dat ze bestaan. Het kan een voordeel zijn...

4.5 1-2, wie ben je?

Weten wie iemand is, is van groot belang. Niet alleen voor het aangaan van een vriendschap of huwelijk, maar vooral bij het zaken doen via internet. Het proces om er achter te komen of iemand is die hij of zij claimt te zijn, is via internet al jaren bewezen lastig. Aparte tokens en moeilijke codes die nog moeilijker zijn om goed in te typen maken dat dit proces nog altijd niet heel erg gebruikersvriendelijk is.

Bewijzen wie je bent is erg belangrijk. Zeker voor privé informatie die ook écht privé moet blijven. Hiervoor is dus eigenlijk een handige, gebruiksvriendelijke methode nodig waarbij je simpel kan bewijzen dat jij jij bent. Bijvoorbeeld: email en internetbankieren en een digitaal receptbriefje van de huisarts ophalen.

Bewijzen dat jij jij bent kan in drie simpele manieren:
- Door te bewijzen dat jij iets weet wat anderen niet weten. Bijvoorbeeld een wachtwoord.
- Door te laten zien dat jij iets hebt wat anderen niet hebben. Bijvoorbeeld het tonen van een paspoort.
- Bewijzen dat jij écht jij bent door bijvoorbeeld een stukje dna af te staan. Of simpeler een iriscan of vingerafdruk.

Iedere methode heeft helaas specifieke voor- en nadelen. De meest voorkomende is helaas ook direct de meest misbruikte: een wachtwoord. Een wachtwoord is echter zeer kwetsbaar. Anderen kunnen dit raden en als je een niet te raden wachtwoord moet gebruiken, zal je dit zeker opschrijven. Zeker als je ook nog wordt gedwongen om dit vaak te wijzigen.

Beter, en tegenwoordig niet veel moeilijker of duurder, is het gebruik van een authenticatie in twee stappen methode. Dit klinkt moeilijk, maar is het niet. Voor het geld halen uit de muur gebruiken we dit al jaren. Je hebt iets (je pas) en je weet iets (je pincode).

Veel internettoepassingen maken helaas nog altijd niet gebruik van deze authenticatie in twee stappen. Facebook, veel emailaanbieders en vele overheid- en zorgaanbieders werken nog altijd met het zwakke wachtwoord systeem. Nu het gebruik van smartphones enorm is toegenomen kan technisch bijna ieder internet systeem eenvoudig van authenticatie in twee stappen gebruik maken. Je hebt iets en je weet iets wat alleen jij weet.

Zo werkt bijvoorbeeld Google two-step authenticatie:
1- Voor inloggen in mail geef je zoals altijd je wachtwoord.
2- Pas na invoeren van de verificatiecode die je een sms naar jouw telefoon hebt gekregen kan je pas je mail openen.

Het mooie van dit systeem van Google is dat het zeer eenvoudig aan iedere website of systeem is toe te voegen. Gebruik authenticatie in twee stappen is helaas nog altijd niet standaard. Natuurlijk kan authenticatie nog moeilijker worden gemaakt, door nog meer stappen te eisen, maar waarom niet eerst zorgen dat we voor zaken die we privé willen houden, zoals email niet eerst zorgen dat authenticatie in twee stappen standaard wordt?

4.6 De juiste tijd!

Tijd is cruciaal. Zeker in de IT. Tijd is de enige constante die met zekerheid continue op een vastgestelde wijze veranderd. Zonder gecontroleerde tijd ziet de wereld er compleet anders uit. Afspraken over tijd zijn cruciaal voor elektronische toegangssystemen, financiële transactie systemen, maar ook in medische IT systemen is de factor tijd cruciaal. Nog afgezien van je timeline op facebook of twitter. Goede afspraken over de factor tijd zijn levensreddend of kunnen levensbedreigend zijn als hier zaken mis gaan.

IT is in de laatste 20 jaar zo complex geworden dat we niet meer altijd bewust zijn van simpele, maar cruciale zaken. Een tijd goed afspreken met een paar mensen is al lastig. Wiens horloge houden we aan? Of kijken we allemaal tegelijk op dezelfde atoomklok om op tijd op onze afspraak te zijn?

Door het continue toenemen van de afhankelijkheid van IT in ons leven zijn er gelukkig mensen die zich daadwerkelijk ernstig druk maken over elementaire zaken, zoals tijd. Sinds heel lang werken computers met het NTP protocol (Network Time Protocol). Het Netwerktijdprotocol (NTP) is een protocol waarmee computers die onderling met elkaar in verbinding staan, hun interne klok kunnen synchroniseren met andere computers. Zo gaan transacties op de beurs goed, werkt een bankoverschrijving, een OV-chipsysteem en weet de verkeersleiding op Schiphol een vliegtuig tijdig naar de juiste landingsbaan te wijzen.

Opgeschrikt door kwetsbaarheden en zeer veel gebruikte encryptie programmatuur zoals openssl (veel gebruikt op internet voor alles wat met het bekende https:// communiceert), zijn een paar mensen verder gaan kijken naar andere zaken die iedereen gebruikt. Een van deze elementaire zaken in de IT is het NTP protocol. Na een inventarisatie is gebleken dat het NTP protocol op veel punten niet meer aan de eisen van deze tijd voldoet. Denk aan:

- Onvoldoende veilig.
- Niet betrouwbaar genoeg.
- Niemand onderhoudt actief de software (mede door de complexiteit)
- Niet groen. Doordat NTP op iedere computer wereldwijd wordt gebruikt, kan het verminderen van de cpu belasting op één computer met 0.1% al een geweldige impact hebben op het wereldwijde energie probleem.

Rondom veiligheid is het met het huidige NTP protocol apart geregeld. In essentie is het handig gebleken dat het NTP protocol waarmee alle computer wereldwijd verbonden zijn gelijk lopen met een atoomklok en een kalender die wij mensen gebruiken. Om dit te bereiken is een organisatie bedacht die gaat over de beruchte 'leap second'. Ofwel af en toe is een correctie nodig op de computertijd (de centrale NTP servers) om te zorgen dat computers zich wel blijven schikken naar onze jaartelling, met jaren, maanden, dagen en soms een schrikkeljaar of de 'schrikkelseconde'.

Nu is het mooie dat bijna niemand in de westerse wereld wat merkt van de schrikkelseconde correctie. Maar stel je voor: Alle systemen op Schiphol krijgen een tijd 'reset' om een tijdcorrectie door te voeren. Dit soort type wijzigingen wil je liever niet. Zeker niet als je in een vliegtuig zit. Maar aangezien het niet anders kan gebeurt dit 's nachts wanneer het vliegverkeer in Europa minimaal is. Het is goed om te weten dat tijdens de invoering in 2012 van de vorige 'schrikkelseconde' een aantal computersystemen écht op hol zijn geslagen met desastreuze gevolgen.

De volgende invoering van de volgende schrikkelseconde staat gepland eind juni 2015. In Europa hebben we hier waarschijnlijk weinig last van, gezien de tijd van invoering. Echter op het geplande tijdstip is het spitsdrukte in de luchtverkeer in Azië en het Midden-Oosten. Ga jij vliegen op 30 juni 2015? Essentie van het probleem is dat de organisatie die besluit wanneer deze correctie actief wordt in Europa zit (Frankrijk). Daarnaast is het ook een technisch probleem wat te maken heeft met hoe het NTP protocol nu in elkaar zit.

Op Fosdem 2015 waren de absolute kopstukken en trekkers aanwezig die het probleem met de computertijd voor de komende 100 jaar gaan oplossen. Op onderstaande foto staat de essentie van het probleem net iets anders verwoord. Ofwel: Als het NTP protocol en de software uit 1971 komt, dan zijn zorgen meer dan terecht.

De man die een enorme bijdrage gaat leveren aan de nieuwe implementatie versie van de software voor het NTP protocol (genaamd NTIMED) is de bij leven al legendarische open source hacker Poul-Henning Kamp . Op bovenstaande foto maakt hij ons deelgenoot van zijn verbazing over de status van het NTP protocol en code. Omdat de nieuwe versie van de cruciale tijd synchronisatie programmatuur zeer waarschijnlijk vroeg of laat op iedere computer wereldwijd te vinden is, is openheid belangrijk. De ontwikkeling vindt dan ook geheel plaats vanuit een open source initiatief om transparantie en licentie perikelen in gebruik te voorkomen. Ook is nu natuurlijk aanzienlijk meer aandacht voor toekomstig onderhoud van de code, met SSL perikelen nog altijd vers op het netvlies.

Bij het neerzetten en verbeteren van een complex high performance transactie systeem, is het meenemen van de factor tijd in het ontwerp van cruciaal belang. Zo zijn waardes van data en informatie zijn tijdsgebonden en is het juist omgaan in bewaren data met een juiste tijd een niet triviaal probleem. IT architectuur kan hier bij helpen!

5 Architectuur en innovatie

Innovatie is altijd sexy doet het goed in de interne en externe communicatie en PR. Wie wil namelijk niet innoveren? Architectuur heeft iets met vernieuwing en technologie. In het ideale wereldbeeld van architecten zijn alle applicaties platform onafhankelijk, browser based en zien we laptops en desktops alleen nog in een museum. Omdat in de praktijk veel innovaties helaas vaak iets anders uitpakken, blijft het noodzakelijk om continue na te denken over:
- Product en procesvernieuwing en
- Toepassingen en impact van nieuwe technologie

In dit hoofdstuk zijn blogs terechtgekomen die een relatie hebben met IT innovatie en architectuur.

5.1 Innovatie met architectuur

Besluitvorming over IT inzet kan uitgezet worden in een aantal dimensies. Vanuit architectuur is het noodzakelijk om deze te herkennen en juist mee om te gaan. In onderstaande figuur is dit gedaan.

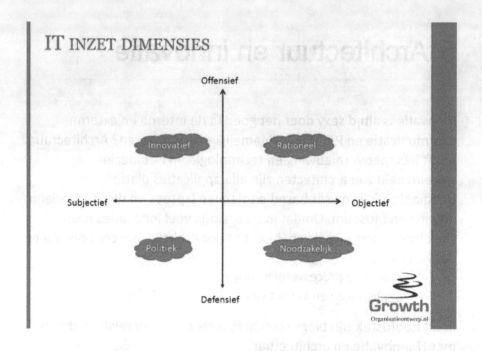

5.1.1 Rationeel

Indien de inzet van IT rationeel is, wordt bedoeld dat er een duidelijk plan is. Het voorstel is goed gedocumenteerd, er is een kosten-batenanalyse en alle alternatieven zijn afgewogen. Het doel via IT een verhoogde efficiency of effectiviteit te bereiken. Dit om de concurrentiepositie te behouden of te versterken. Het besluitvormingsproces is logisch en goed gestructureerd.

5.1.2 Politiek

Indien de inzet van IT vanuit een subjectief defensief kader plaats vindt, spelen vaak politieke motieven een rol. Sommige stakeholders zien de IT investering als een middel om hun invloed binnen de organisatie te vergroten. Ook kunnen strategische motieven voor lange termijn een rol spelen om zo een bedrijfsopsplitsing effectief te voorkomen.

5.1.3 Noodzakelijk

Helaas zijn IT investeringen ook vaak gewoon noodzakelijk. Een leverancier stopt met leveren van support, onderhoud wordt te duur of nieuwe functionaliteit vereist vanuit regelgeving moet gerealiseerd worden. Het doel is vaak heel duidelijk, maar door de als 'noodzakelijk' aangegeven doelstellingen en stringente kaders worden rationele argumenten of innovatieve benaderingen uitgesloten. Vaak is niet scherp genoeg verwoord wat de impact is van de wijzingen op lange termijn doelstellingen.

5.1.4 Innovatief

Met innovatie wordt een investering in IT bedoeld die gericht is op het behalen van (winst) voordeel, zonder dat hierover vooraf harde informatie over is. Natuurlijk kan een ROI of kosten-batenanalyse gemaakt worden, maar uiteindelijk gaat spelen zoveel factoren een rol dat IT innovatie vaak is gebaseerd op kwalitatieve argumenten en een 'gevoel'.

Indien IT investeringen worden gedaan om meer omzet, meer winst te halen is spraken van een offensieve benadering. De meest gedurfde bedrijven zetten nieuwe technologie in om hiermee een direct blijvend concurrentie voordeel te behalen. Door de factor tijd zijn concurrenten vaak niet in staat om tijdig ook deze omslag te maken. Valkuil is natuurlijk wel dat inzet van een nieuwe IT technologie vaak een ontwikkelcurve kent die anders is dan bij bewezen oplossingen. Maar innovatieve IT investeringen wil niet per definitie betekenen dat nieuwe IT technologie nodig is. Ook door bestaande IT voorzieningen beter of anders in te richten is een offensieve strategie in te vullen.

Vanuit architectuur is het noodzakelijk om snel zicht te krijgen op de typering van de IT investering. Afhankelijk van de IT inzet dimensie dienen accenten in de architectuuraanpak zichtbaar te zijn. Het vooraf helder hebben van de aard van de IT investering helpt om vanuit architectuurontwerp direct de juiste beslissingen te nemen. In de dagelijkse praktijk zijn binnen een project alle dimensies natuurlijk zichtbaar. Voor een effectieve architectuurinzet loont het om in samenwerking met key stakeholders de leidende karakterisering van een project te definiëren. En hieraan vast te houden.

5.2 IT-innovaties: wachten of meedoen?

Het woord innovatie kent vele definities. Toch hebben we allemaal een beeld bij het woord 'innovatie'. Vaak herkennen en erkennen we echter niet direct de werkelijke innovatiekracht, losgemaakt vanuit een nieuw IT-product of IT-proces. Zo zijn sommige sectoren nog altijd bezig om te bedenken hoe ze nu eigenlijk om moeten gaan met de wijze waarop (gratis) informatiedeling nu mogelijk is. Denk aan uitgevers, journalisten en uitgevers van muziek. Dat er inmiddels vele succesvolle bedrijven zijn die wel deze innovaties direct hebben omarmd, geeft aan dat wachten niet altijd de beste strategie is.

Maar wat zijn nu eigenlijk IT-innovaties?

Deze boeiende vraag verplicht natuurlijk tot het geven van een poging tot een antwoord en boeiende voorbeelden. Het lastige van het woord innovatie is dat iedereen hier een ander beeld bij heeft. Te vaak wordt gedacht dat technologische vernieuwing vanzelf tot innovatie leidt. Helaas, we kennen allemaal schitterende technische producten die nu in het museum van mislukkingen staan. Nieuwe technische kennis of vernieuwende technische producten kunnen vaak pas tot waarde creatie leiden wanneer het innovatieproces vanuit een specifieke context verder wordt afgerond. De juiste context is cruciaal voor het slagen of falen van een nieuw product of proces. De uit de vorige eeuw afkomstige context analyse tools kunnen zeker helpen bij het tijdig bijsturen of stoppen om mislukkingen te voorkomen.

IT-innovatie houdt veel meer in dan het realiseren van een technologische doorbraak. Na de doorbraak begint het daadwerkelijke innovatieproces pas echt. Kort maar krachtig: innovatie vereist niet alleen een nieuw product, maar bovenal een vernieuwend bedrijfsmodel en proces. Door de veelheid van nieuwe technologische producten (software en hardware) die wekelijks verschijnen is het lastig om het daadwerkelijk innovatie potentieel te bepalen. We zijn namelijk de kikker in de pan: later zien we wat we hebben gemist!

Intuïtief voelen allemaal aan dat bijvoorbeeld de volgende technische mogelijkheden in de komende jaren tot nog meer innovatie zullen leiden in vele bedrijfstakken:

- Internet: de mogelijkheid van het digitaal delen van informatie is nog maar net begonnen. Nog altijd is internettechnologie een enorme katalysator voor het vormgeven van innovatie voor veel sectoren.
- Virtuele reality: ondanks de eerste mislukkingen en de onhandige devices waar wat mee is 'geprobeerd' zal VR de komende jaren daadwerkelijk leiden tot innovaties waar deze écht tot hun recht komen. De grootste vraag bij VR is wellicht wanneer wij mensen mentaal (en fysiek) deze stap durven te zetten.
- BCI (brain–computer interfaces): dankzij de nu al lage prijs van deze devices en het 'vriendelijke' uiterlijk zullen BCI devices zondermeer doordringen op plaatsten waar we later van zullen zeggen: Logisch. Want ondanks de kracht van tablets voor informatie creatie en opslag, voelen we allemaal aan dat een BCI device een vele malen gebruiksvriendelijk kan zijn, mits de juiste software hiervoor voor de zelfde lage prijs beschikbaar komt. Zo is het in 2014 al kinderlijk eenvoudig om een drone met je hersens te besturen. Kijk bijvoorbeeld eens naar de Puzzlebox Orbit. Een Brain-Controlled Helicopter. Die met een simpel EEG head setje te besturen is.
- 3D-printen: nu 3D printers financieel voor veel mensen bereikbaar zijn en wat complexere 3D printers voor een start-up zonder miljoenen investering te verkrijgen is, zal de maakindustrie

binnenkort niet meer zijn zoals we deze nu kennen. Een beetje tandarts in een rijk land als Nederland print nu al protheses, maar de mogelijkheden voor vele andere sectoren zijn nog lang niet uitgeput. (Open Source)software en betere 3D printers zullen de wereld nog drastisch wijzingen.

- De Quantum Computer: innovaties mogelijk met of dankzij de kwantum computer zijn nog moeilijk praktisch voor te stellen. Echter nu de eerste kwantum computers de laboratoria fase ontgroeien zal duidelijk worden welke innovaties mogelijk worden door deze nieuw geavanceerde rekenmachines.
- The Internet of Things (afgekort IoT): Het IoT blijft abstract. Ondanks veel publicaties hoe het IoT ons leven zal veranderen. Wellicht omdat het IoT nog te veel een container begrip is waaronder vele nieuwe technologische mogelijkheden vallen. De kern bij IoT is digitale communicatie (draadloos) en verbinding van devices (smart chips) met intelligente software systemen. Denk aan een vuilnisbak die een signaal geeft wanneer deze vol is aan een ophaaldienst. (zoals bijvoorbeeld de SmartBelly). Of een straat waar lichten alleen aangaan wanneer mensen of auto's passeren (waarbij dankzij IT techniek ook energie wordt bespaard)

Afhankelijk van hoe je kijkt naar nieuwe technologische ontwikkelingen zie je meer of minder innovatiemogelijkheden. Ieder bedrijf wat ook in de toekomst winstgevend wil blijven kan maar beter continue serieus kijken naar de innovatie mogelijkheden die:

- Nieuwe software
- Nieuwe hardware (chips, devices, etc) en
- Nieuwe processen

Kunnen hebben op het huidige bedrijfsmodel. Dankzij bedrijfskundige wetenschappelijke kennis en inzichten waarbij gelukkig ook continue onderzoek wordt gedaan naar het effect van nieuwe technologie op mensen en bedrijven is een redelijke houvast te geven over hoe innovatie processen vorm gegeven kunnen worden. Vergeet niet dat internet en e-commerce ook al meer dan 20 jaar bestaan. Of 20 jaar lang of kort is, is ook een filosofische vraag. In de IT accepteren we vaak dat het soms even duurt voordat een kantelpunt of het potentieel van een technologische vernieuwing wordt herkend. Soms domweg om praktische redenen: glasvezelkabels leggen kost nu eenmaal tijd. Maar soms ook omdat wij als mensen ons niet snel willen of durven aan te passen.

Wie stapt er morgen in een taxi zonder chauffeur, maar bestuurt door een computersysteem?

5.3 Kan architectuur zonder tweede-orde verandering?

Architectuur betekent veranderen. Architectuur kan betrekking hebben op structureel oplossen van problemen, een verbeterd procesontwerp, een effectievere organisatie of inzet van nieuwe IT technologie waardoor een bedrijfsproces anders uitgevoerd wordt.

Maar kan architectuur daadwerkelijk gerealiseerd worden zonder een tweede-orde verandering tot stand te brengen? Om deze vraag te beantwoorden is het noodzakelijk scherp te hebben wat een eerste-orde verandering is en wat een tweede-orde verandering. In het beroemde artikel van Levy uit 1986 ('Second-Order Planned Change: Definition and Conceptualization', Organizational Dynamics, American Association, New York, pp5-20) wordt een nog altijd actuele vergelijking gegeven tussen deze typen twee veranderingen.

Eerste orde-verandering	Tweede-orde verandering
Verandering in een dimensie, component of aspect.	Multidimensionaal, meerdere componenten en verschillende aspecten.
Verandering in een of twee niveaus (individueel of groepsniveau)	Verandering op verschillende niveaus (meerdere individuen, groepen en de hele organisatie)
Verandering in een of twee gedragsaspecten (houding, waardes)	Verandering is alle gedragsaspecten (houding, normen, waardes, percepties, gedragingen etc)
Kwantitatieve verandering	Kwalitatieve verandering
Verandering in inhoud	Verandering in context
Continuïteit: Verbeteringen en ontwikkelingen in dezelfde richting.	Discontinue: Nieuwe richting
Omkeerbare verandering	Onomkeerbare verandering
Incrementeel karakter van veranderingen	Discrete stappen
Logische en rationele verandering	Ogenschijnlijke irrationele verandering en gebaseerd op vreemde logica.
Verandering binnen bestaande context	Verandering die resulteert in een nieuwe staat en nieuwe context

Als we de eerste- en tweede-orde veranderingen terug vertalen naar het architectuurwerkveld dan is het raadzaam om bij het creëren van architectuur te kijken of een eerste of een tweede-orde verandering nodig is om het resultaat te behalen. Een eenvoudig project waarbij slechts een verandering binnen de bestaande context vereist is, kan dan gepositioneerd worden als eerste-orde verandering. Denk hierbij aan:

- Een één op één vervanging van een systeem, waarbij de processen niet mogen wijzigen.
- Enkelvoudige aanpassingen van een huidig proces zodat nieuwe IT mogelijkheden beter worden benut.

Complexe trajecten vereisen al snel een tweede-orde verandering. Voorbeelden hiervan zijn:

- Het realiseren van een nieuw IT beleid.

- Ontwerpen en realiseren van nieuwe bedrijfsprocessen.
- Implementeren van een beveiligingsarchitectuur waarvoor een organisatie- en cultuuraanpassing nodig is.

Een tweede-orde verandering gaat gepaard met een typische cyclus.

CYCLUS VAN TWEEDE-ORDE VERANDERING

Het vooraf rekening houden met de verschillende fasen die doorlopen worden bij het realiseren van een architectuur waarvoor een tweede-orde verandering vereist is, reduceert de risico's en verhoogt de slagingskans.

5.4 Open Architectuur: Tijd voor de volgende stap?

Een architectuur is een kennisproduct. Toch wordt helaas nog zelden een architectuur opgezet vanuit open architectuurprincipes. Een verklaring kan zijn de onbekendheid met het begrip en de mogelijkheden. Zonde, want een open architectuur heeft veel voordelen.

Een open architectuur kan op verschillende niveaus leren bevorderen. Denk hierbij aan het leren van architecten in de organisatie betrokken bij opstellen van de architectuur, de organisatie zelf, maar ook architecten buiten de organisatie kunnen leren van een open architectuur. Ook geeft een open architectuur veel mogelijkheden tot hergebruik van onderdelen en kan een open architectuur interne en externe stakeholders uitnodigen om kennis in te brengen.

Aan het gebruik van een open architectuur zitten veel voordelen, maar voor ieder voordeel is natuurlijk een bezwaar te noemen. Om te starten met een open architectuur is het daarom raadzaam om inzicht te hebben in hoe met deze bezwaren omgegaan kan worden. In onderstaande tabel zijn een paar veel genoemde voordelen en bezwaren neergezet.

Voordeel	Bezwaar	Omgang bezwaar
Eenvoudiger hergebruik van triviale oplossingen voor triviale problemen.	Onze organisatie is uniek.	Ondanks de unieke eigenschappen van iedere organisatie, is het raadzaam om de 80-20 regel te hanteren. 80% van de problemen zijn vaak identiek bij soortgelijke organisaties.
Hergebruik wordt bevorderd.	Onze organisatie heeft geen belang bij hergebruik door andere organisaties.	Architectuur is slechts ondersteunend voor de oplossing van een probleem. Juist door te werken met een open architectuur ontstaat de mogelijkheid dat verrassende innovaties worden aangeboden waardoor juist nog meer concurrentie voordeel kan ontstaan.
Door publicatie op internet is er een grotere kans op kwaliteitsverhoging vanuit externe stakeholders.	Onze meest cruciale bedrijfsgeheimen rond processen en informatie staan in de architectuur beschreven. Onze externe stakeholders mogen dit niet weten.	Een architectuur is bedoeld om te delen en stakeholders te betrekken. Indien een architectuur als bedrijfsgeheim wordt geclassificeerd staan vermoedelijk de verkeerde zaken in een architectuurdocument .
Standaard formaat voor het beschrijven wordt vanzelfsprekend aangehouden.	Een duidelijke standaard is er niet en onze standaard is zelf binnen het bedrijf gemaakt.	DITA wordt meer en meer gebruikt, evenals indelingen conform TOGAF voor architectuurbeschrijvingen. Het kiezen van een bedrijfseigen format remt kennisontwikkeling en maakt onderhoud op architectuurproducten onnodig moeilijker.
Aantrekkingskracht op nieuwe kenniswerkers.	Jonge nieuwe kenniswerkers zijn niet onze doelgroep.	Demografische ontwikkelingen vragen om na te denken over omgang, behoud en werving van kenniswerkers.

Het begrip open architectuur is aan een nog altijd continue opmars bezig in de wereld van de software architectuur. De meest succesvolle open source projecten kennen een architectuuropzet die dusdanig is ontworpen dat hergebruik van generieke functionaliteit wordt bevorderd, maar toch ruimte laat voor specifieke oplossingen. Unieke problemen kunnen via extensies binnen een framework eenvoudig een eigen plaats innemen. Juist bij succesvolle open source projecten is sprake van maximaal hergebruik en minimale interactie tussen unieke (klant specifieke)componenten. Denk bijvoorbeeld aan Drupal modules, Apache plug-ins of Eclipse extensies.

Open architectuur ontwikkelingen voor Enterprise Architectuurbeschrijving, bijvoorbeeld vanuit TOGAF opgezet, zijn nog volop in ontwikkeling. Veel overheden over de hele wereld gaan meer en meer architecturen publiceren op internet. Ook bedrijven zouden dit kunnen gaan doen. De voordelen van publiceren met als doel hergebruik en leren van elkaar te bevorderen gaat het eenvoudigste indien een vriendelijke licentie voor de architectuur wordt gebruikt. Denk hierbij aan een van de Creative Common licenties. Creative Commons licenties geven de mogelijkheid om te bepalen in welke mate anderen het auteursrecht mogen uitoefenen, zoals het recht van anderen bedrijven om jouw werk te kopiëren, afgeleide werken te maken, of je architectuurproduct te distribueren en/of er geld mee te verdienen.

In een wereld waarin het paradigma 'open' steeds belangrijker wordt voor bedrijven om voorop te blijven lopen is het niet meer dan logisch dat architectuurproducten ook meer en meer worden hergebruikt en gedeeld buiten de muren van een bedrijf.

5.5 Het wiel is al bedacht!

Ondanks de veelheid van wikis, sharepoints en zeer veel geïntegreerde enterprise content management systemen in veel bedrijven, blijft hergebruik van reeds bedachte oplossingen lastig. Bijkomend nadeel is dat evolutionaire voortgang door slim voort te bouwen op bestaande oplossingen langzaam gaat.

Een oplossing om hergebruik vanuit architectuur te verbeteren is publiceren op internet. Veel overheden doen dit inmiddels, maar kaders en richtlijnen van hoger hand hebben geholpen. Zo zijn er landen waar belangrijke architectuurdocumenten altijd op internet worden gepubliceerd.

Dankzij internet is het de afgelopen 15 jaar eenvoudig geworden om kennisdocumenten en oplossingen voor problemen te vinden. Ook zeer veel wetenschappelijke tijdschriften zijn tegenwoordig zonder belemmering te raadplegen op internet. Dit dankzij Open Access Journals Echter bij het ontwikkelen van architectuur en zeker bij het opstellen van een technische architectuur rijst vaak de vraag: Hoe gaan andere bedrijven met dit probleem om? Typische problemen waarbij deze vraag ontstaat zijn:

- Hoe realiseren we een dynamische website die ook bij extreme drukte een perfecte gebruikers ervaring geeft?
- Zijn er bedrijven die het wel aangedurfd hebben om met een open source messaging product (bijvoorbeeld zmq of RabbitMQ) bedrijfskritische transacties te ondersteunen?
- Hoe borgen andere bedrijven de beschikbaarheid en integriteit van klantdata en klanttransacties voor 10 jaar?
- Hoe voorkomen we vendor-lock-in bij het gebruik van SAAS of cloud hosting diensten?

Helaas geven wetenschappelijke papers geen direct antwoord op context afhankelijke vragen. Architectuurdocumenten beschrijven echter wel vaak een optimale oplossing binnen een specifieke bedrijfscontext. Door een architectuur op internet te publiceren ontstaan de volgende kansen:

- Architecten en experts van buiten het bedrijf kunnen gevraagd en ongevraagd de kwaliteit van de architectuur verhogen.
- Klanten krijgen de mogelijkheid om inzicht te krijgen in de complexiteit die verborgen zit achter de vaak als simpel ervaren dienstverlening.
- Het extern publiceren van een architectuur kan kwaliteit verhogend werken.

Natuurlijk is het eng om een architectuur op internet te publiceren. Concurrenten kunnen er voordeel mee behalen en de externe communicatie afdeling staat nooit te juichen. Maar in een goede IT architectuur staan geen bedrijfsgeheimen. Inlog namen, netwerkconfiguratie of configuratie instellingen horen niet in een architectuur of ontwerpdocument.

Toch is het belangrijk om na te denken over waarom IT bedrijven wel referentie architecturen publiceren, maar de bedrijven die van IT oplossingen gebruik maken dit (nog) niet standaard doen. Met openheid en hergebruik is uiteindelijk iedereen gediend. Toeleveranciers, maar ook ieder bedrijf. Want waarom zou een hoog beschikbare database architectuur voor een bedrijfskritisch systeem er bij ieder bedrijf compleet anders uit moeten zien? Waarom zou een snel en eenvoudig systeem voor identificatie en authenticatie van waardevolle klanten uniek moeten zijn?

Bij het meer en meer delen van informatie over architectuur voor oplossen en voorkomen van problemen op internet is het voordeel van architectuur inmiddels voor veel bedrijven discussie vrij. De volgende stap is de effectiviteit en kwaliteit van de architectuurprocessen en producten verhogen. Meer delen en hergebruik van architectuurproducten tussen bedrijven en bedrijfssegmenten helpt hierbij. Veel overheden hebben het goede voorbeeld hiervoor al gegeven!

5.6 Open Data: Redding of ondergang van de democratie?

Open is nog steeds het woord wat voor veel architecturen, ontwerpen en IT realisaties cruciaal is om scherp in het vizier te hebben en te houden. Nu ook de EU met hoge spoed kaders en richtlijnen voor overheden ontwikkeld voor het openstellen van data, is het van groot belang om een goed begrip te hebben van de ongekende mogelijkheden van 'Open Data'. Daarnaast is het verstandig om ook bewust te zijn van de nadelen van Open Data.

Open Data is het extern elektronisch beschikbaar maken van data, zonder dat deze opgesloten wordt in een beschermende toepassing of papieren document.

Open Data is de term waaronder met name overheden databronnen voor extern gebruik aanbieden. Deze wereldwijde trend is veel belovend. Enerzijds vanuit politiek, sociaal en maatschappelijk oogpunt. Anderzijds omdat hierdoor een stuk extra economische groei en welvaart mogelijk is. Het idee achter open data is eigenlijk heel simpel. Overheden wereldwijd hebben enorm veel waardevolle data. Deze data is van burgers en eigenlijk ook voor burgers. Daarnaast hebben overheden structureel te weinig middelen, kennis en geld om naast het primaire gebruik waarvoor deze data is verzameld andere nuttige toepassingen te ontwikkelen. Door de data zonder kosten of beperkingen vrij te geven is het mogelijk dat marktpartijen of individuen hier wel nieuwe en waardevolle andere toepassingen mee kunnen ontwikkelen.

Een kernprincipe van Open Data is dat deze via internet zonder drempels voor iedereen beschikbaar is. Daarnaast is het wenselijk dat data in een zo toegankelijk mogelijk structuur (voor computers) wordt aangeboden.

Een belangrijke drempel voor veel data is privacy. Logisch, maar naast privacy gevoelige data is er een berg aan data bij overheden die zonder beperkingen aan publiek beschikbaar gesteld kan worden in open vorm. Denk aan een betere toegankelijke vorm van alle data die bij de overheid in beheer is. Bijvoorbeeld statische gegevens over subsidies, wegen, openbaarvervoer etc.

Vanuit architectuur moeten natuurlijk principes voor Open Data geformuleerd worden. Zeer breed gedeelde principes voor Open Data zijn:

- Tijdigheid: Data wordt zo snel mogelijk beschikbaar gesteld om de waarde van de data te bewaren.
- Toegankelijkheid: Data wordt voor zoveel mogelijk potentiële gebruikers beschikbaar gemaakt, zonder beperkingen op hoe deze gebruikt wordt.
- Structuur: Data moet een gedefinieerde structuur hebben, zodat deze automatisch verwerkt kan worden.
- Niet discriminerend: Data is voor iedereen beschikbaar. Zonder eis om vooraf te registeren.
- Open standaard: Data is in een open standaard formaat beschikbaar zodat er niet een entiteit is die die exclusieve controle heeft op het formaat.
- Licentievrij: De beschikbare data is copyright vrij en er is geen restrictie in hoe en waar deze data gebruikt mag worden.

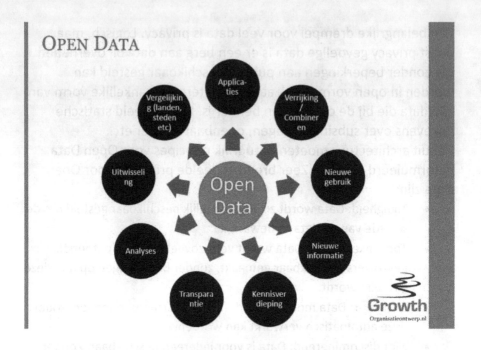

Het voldoen aan deze principes maakt dat een initiatief tot een écht open data initiatief gerekend kan worden. Ook de Nederlandse overheid maakt inmiddels stappen om (juridische) belemmeringen weg te nemen, waardoor overheden eenvoudig tot vrijgave van data kunnen overgaan.

Open Data geeft veel nieuwe kansen. Door de combinatie van open source, open innovatie en crowdsourcing is het namelijk niet ondenkbaar dat grote wereldwijde problemen zoals: Economische problemen, milieu en natuurbescherming binnen 10 jaar toch opgelost zijn.

5.7 Cloud IDE's:Het nieuwe ontwikkelen?

Een zelf ontwikkelde bedrijfsapplicatie is vaak noodzakelijk voor een blijvend concurrentie voordeel. Ondanks vele decennia IT innovatie is het ontwikkelen van applicaties nog altijd een dure en risicovolle stap. Voor het ontwikkelen van een bedrijfsapplicatie zijn naast kundige en ervaren software ontwikkelaars ook een veelheid aan dure ontwikkeltools nodig om de dure ontwikkelaars op een zo efficiënt en productief mogelijk manier te laten werken.

Traditioneel werken software ontwikkelaars met dure ontwikkelsuites op hun desktop. Deze IDE (Integrated Development Environments) kennen inmiddels zoveel functionaliteit dat de perceptie is ontstaan dat het gehele ontwikkelproces vanuit IDE tooling ondersteund en gestuurd kan worden. Zo bevatten deze tools naast alle denkbare mogelijkheden om daadwerkelijk effectief code te schrijven, ook mogelijkheden voor onder meer testen, versiebeheer, documentbeheer, koppeling met architectuurmodellen en natuurlijk de relatie met de business use-cases. De nadelen van de meest gebruikte IDE suites (Microsoft Visual Studio, IBM Rational, Eclipse) zijn bekend:

- Ondersteuning voor productie deployment is vaak mager; Om deze pijn te verzachten zijn er natuurlijk vele add-ons beschikbaar.
- Door de veelheid van functionaliteit zijn de tools niet foutloos en is het frequent installeren van een update een must.
- Ondersteuning voor nieuwe standaarden en devices loopt vaak achter. Om bijvoorbeeld snel vanuit een gekochte IDE een android applicaties met gebruik van de laatste Query libraries te ontwikkelen geeft het dure IDE pakket vaak net nog geen ondersteuning.
- HNW (Het Nieuwe Werken) waarbij vanuit een willekeurige locatie de werkplekomgeving beschikbaar is, werkt vaak niet voor de ontwikkelwerkplek. Naast zwaardere resources (krachtige CPU, veel memory) is een IDE vaak gebonden aan een vaste fysieke werkplek door licentiebeperkingen. Het compleet virtualiseren

van een ontwikkelwerkplek met bijvoorbeeld VMWare is vaak een duur en tijdrovend traject met vele verrassingen. Om de ROI van deze investering positief te houden is feitelijk een IDE omgeving van een leverancier nodig wat virtualisatie standaard ondersteund.

De wijze om virtualisatie snel kosten effectief te krijgen is gebruik te maken van cloud oplossingen. Nu Office oplossingen volledig werkend beschikbaar zijn vanuit een cloud (Google, Microsoft), is iedereen met een browser direct productief. De fysieke koppeling met een werkplek is verdwenen. Aangezien de noodzaak voor het maken van bedrijfsspecifieke oplossingen een blijvende is, zijn er een aantal producten voor ontwikkelaars waarbij de ontwikkelomgeving vanuit de cloud wordt aangeboden. Het enige wat een ontwikkelaar vervolgens nodig heeft, is een webbrowser.

De volgende cloud IDE's zijn veelbelovend:
- CloudIDE. Ideaal voor het maken van simpele webapplicaties voor de cloud. CloudIDE bevat veel kennis en code opgedaan vanuit het Mozilla Bespin project. CloudIDE gaat nog een stap verder dan Wavemaker. Naast een volledig browser based IDE, wordt ontwikkeling 'als een service' geboden.
- CodeRun. CodeRun is ook een IDE ontwikkeld voor de cloud. Volledig ontwikkelen vanuit de browser, zonder eerst nog lokaal software te installeren. Natuurlijk geoptimaliseerd voor de defacto marktleider: De Amazone cloud.
- Kodingen. Kodingen is een ander alternatief. De samenwerkingsmogelijkheden zijn gericht op verhogen van de productiviteit en kennisdeling. De oorsprong van Kodingen ligt in de Open Source wereld. Kodingen is gericht op het elimineren van onnodige handelingen die vaak nodig zijn bij het extern laten hosten van een webapplicatie.
- Codeanywhere. Ook deze Cloud IDE is gericht op het overal kunnen ontwikkelen van webapplicaties. Heel rijk aan functionaliteit is de IDE van Codeanywhere (nog) niet. Maar de basisfunctionaliteit is bruikbaar in iedere webbrowser, waarbij

veel nadruk is gelegd op goede ondersteuning voor mobiele devices (Iphone, Android).

- Wavemaker. Wavemaker is een complete IDE omgeving in een browser. Wavemaker is geen 100% cloud IDE , aangezien lokaal op een pc sotware geinstalleerd moet worden. Wavemaker is echter wel gericht op het maken van applicaties voor de cloud. Nu Wavemaker begin maart 2011 gekocht is door VMWare zal deployment van applicaties naar de cloud oplossingen van VMWare natuurlijk nog verder verbeterd worden. Daarnaast is de Wavemaker IDE omgeving geschikt voor een nieuwe groep ontwikkelaars. Namelijk de business analisten en ontwerpers die tot op heden geen code schreven, maar wel de eisen vaststelde voor de ontwikkelaars. Wavemaker claimt dat zonder programmeerkennis een veelheid aan bedrijfsapplicaties door niet techneuten is te maken. Echter voor serieuze bedrijfsapplicaties is grondige kennis van alle kwaliteitsaspecten van de verschillende processtappen bij het maken van een applicaties echter wel degelijk van belang. Een cruciale applicatie maken zonder inhoudelijke kennis van beveiliging, performance, schaalbaarheid of database relaties is natuurlijk vragen om problemen.

Vanuit een vendorperspectief zitten er veel voordelen aan het aanbieden van een Cloud IDE. Het meten van klanttevredenheid is kinderspel geworden. Voor klanten (gebruikers) lijken de voordelen van Cloud IDE's te mooi om waar te zijn:

- Lagere kosten (geen tot absurd lage kosten per gebruiker).

- Geen zorgen over hoe het HNW te faciliteren voor ontwikkelaars. Een browser is voldoende.

- De moeizame transitie om van ontwikkeling naar productie te gaan lijkt verdwenen.

- Veel rollen en functies nu betrokken bij het ontwikkelproces worden overbodig. Dit is een gevolg van het Cloud ontwikkel en deploymentmodel. Echer ook de verschillende rollen die nu beschikbaar in traditionele IDE's ontbreken in Cloud IDE's. Vanuit een Cloud IDE omgeving is het de ontwikkelaar zelf die verantwoordelijk is voor het correct in productie brengen van de nieuwe applicatie.

Echter voordat op grote schaal wordt gekozen voor het overboord gooien van de vertrouwde IDE omgevingen voor ontwikkelaars, is het verstandig om de volgende punten in de overweging mee te nemen:

- Hoe wordt omgegaan met de vernieuwde vendor lock-in? Naast een afhankelijkheid met een leverancier die ontwikkeling 'as-a-service' biedt, zit men ook vaak direct vast aan de cloud of hosting oplossing van deze leverancier.

- Kunnen de ontwikkelaars daadwerkelijk zonder de geavanceerde functionaliteit die desktop IDE's wel bieden, maar veel cloud IDE's nog niet?

- Is duidelijk voor welk type bedrijfsapplicatie ontwikkelen met een Cloud IDE geschikt is? Niet ieder type applicatie is geschikt om te ontwikkelen via een Cloud IDE.

- Hoe wordt omgegaan met de nieuwe beveiligingsrisico's die worden geïntroduceerd via het nieuwe ontwikkelmodel? Naast beschikbaarheidsaspecten is het noodzakelijk om te kijken naar de vertrouwelijkheid en integriteit van de code en webapplicatie zelf.

- Hoe is integratie met het huidige kwaliteitsmanagementsysteem mogelijk? Denk aan requirementstracking, testen, documentatie etc.

- Hoe kan worden omgegaan met noodzakelijk interfaces met backoffice systemen of koppelingen met andere bedrijven?

- Hoe kan de uiteindelijke applicatie worden geïntegreerd binnen het bestaande beheerraamwerk? Denk aan CMDB, systeemmanagement, capaciteitsmanagement en interne of externe SLA's .

- Wat is de voorkeur van ontwikkelaars zelf? Welke functionaliteit denken zij nodig te hebben om daadwerkelijk beter en sneller te kunnen werken? Naast ontwikkelaars is het ook noodzakelijk om andere relevante stakeholders te betrekken bij de keus voor een nieuwe IDE.

- Komt de nieuwe Cloud IDE in plaats een huidige IDE of wordt deze gepositioneerd naast de huidige tools? Vanuit kosten perspectief is het wenselijk om na te denken over hoeveel ontwikkeltools daadwerkelijk nodig zijn.

Cloud IDE's zijn nog niet volwassen genoeg voor serieuze complexe bedrijfsapplicaties. Simpele webapplicaties zijn echter prima te maken met een Cloud IDE. Echter dit ook kan nog altijd zonder IDE, door gewoon in vi of vim te ontwikkelen.

5.8 Beschikbaarheid 100%: HAST

Opslag van data is en blijft belangrijk. En net als iedere technologie is storage technologie zeer dynamisch. Gedreven door de enorme vraag naar meer, sneller en vooral goedkoper. Ook de kwaliteitscriteria zijn meegegroeid:data verlies mag gewoon niet meer. Cloud storage oplossingen zijn helaas nog altijd beveiligingstechnisch verre van ideaal. Ook is het vaak duister hoe en of beschikbaarheid van cloud storage oplossingen daadwerkelijk goed is geregeld. Leveranciers van cloud storage geven niet graag technische inhoudelijk inzicht, maar beloven wel bijna 100% beschikbaarheid.

Met de komst van open source cloud technologieën heeft HAST een nieuwe versnelling gekregen. HAST staat voor Highly Available Storage. Operating systemen bieden van oudsher de meest robuuste en transparante infrastructuurservices nodig voor opslag bedrijfskritische data. Echter met het goedkoper worden van opslag en de vraag naar "storage-as-a-service" met een beschikbaarheid van 100% zijn opslag oplossingen nog altijd het domein van een slechts paar grote leveranciers (EMC, NetAPP, IBM, HP). Logisch, want hoge beschikbaarheid voor opslag van kritische data is nog altijd een meest serieuze zakelijke toepassingen waar bedrijven geen risico willen lopen.

Met de komst van cloud technologieën winnen open (source) technologieën echter langzaam terrein op een van de laatste bolwerken waar open source nog te zelden werd gebruikt: Bedrijfskritische hoog beschikbare opslag oplossingen.

Een typische open source hoog beschikbare opslag oplossing is HAST voor FreeBDS. Dit opslag framework is ontwikkeld door Pawel Jakub Dawidek als een raamwerk dat transparante opslag van dezelfde gegevens toestaat over fysiek gescheiden machines die verbonden zijn door een TCP/IP-netwerk. HAST maakt het mogelijk om een opslagcluster met hoge beschikbaarheid te bouwen dat resistent is tegen falende hardware. Volledig transparant en te gebruiken met ieder filesysteem.

De belangrijkste eigenschappen van HAST voor FreeBSD zijn:
- Maakt data opslag robuust voor I/O-fouten op lokale harde schijven.
- Bestandssysteem agnostisch. Dit betekent dat HAST voor ieder filesysteem te gebruiken is. Denk aan ZFS, CFS, EXT, FFS indelingen.
- Efficiënte en snelle (her)synchronisatie. HAST implementeert verschillende replicatie mechanismes voor synchronisatie. Ook hier moet met verstand een goede keus worden gemaakt.
- HAST kan gebruikt worden in bestaande omgevingen om later aanvullende redundantie toe te voegen.

HAST inzetten vereist net als iedere IT technologie een duidelijk afleidbare business requirement. Deze zal vaak afgeleid zijn vanuit een 99,999...% eis. Vanuit architectuur is het noodzakelijk om niet alleen richting mee te geven, maar ook inhoudelijke kaders en inhoudelijke keuzes te maken waar nodig. Om dit te kunnen doen is dan wel gedegen inzicht in keuzes en consequenties van keuzes noodzakelijk. Het niet goed neerzetten van een hoog beschikbare storage oplossing kan leiden tot een split-brain situatie. Bij veel SAN oplossingen komt dit helaas nog altijd vaak voor. Dit is een gevaarlijke situatie omdat knooppunten in het storage netwerk dan niet meer in staat zijn om te bepalen wat de primaire bron van veranderingen is. Het herstellen van een split-brain situatie kost veel tijd en handmatig herstel werk.

Zelf een hoog beschikbare storage oplossing implementeren op basis van een open source technologie is relatief eenvoudig en levert een robuuste hoog beschikbare 'cloud-storage-service' binnen een bedrijf. Mits goed vanuit een beveiligingsarchitectuur opgezet zijn er geen beveiligingshoofdbrekens meer. Wel dienen risico's van de totale oplossing vooraf op het juiste niveau binnen de organisatie te worden afgewogen. Maar feitelijk geldt dit voor iedere technologie voor bedrijfskritische toepassingen. Open source of niet. Het voordeel van open is dat meer flexibiliteit voor de keus van een beheerpartij mogelijk is. Op korte en lange termijn, zonder vervelende vendor lock-in.

5.9 Open Integratie: REST, SOAP of anders?

Bij het opstellen van een open architectuur is het cruciale punt om de openheid te borgen de wijze waarop wordt geïntegreerd met andere bedrijven of andere systemen. Het bepalen van het juiste integratie standaard is zonder voldoende technisch overzicht van voordelen en nadelen zeer lastig.

Algemeen wordt het belang van koppelen via web services meer en meer ingezien. Een web service wijze van koppelen betekent dat informatie via het standaard internet protocol wordt uitgewisseld. Met het verplaatsen van systemen naar cloud oplossingen van vaak verschillende CSP's (Cloud Service Providers) is dit een minimale vereiste voor integratie.

Een REST web service is een gestandaardiseerde wijze om objecten via http uit te wisselen. REST staat voor 'Representational State Transfer'. Dit betekent dat iedere URL een representatie van een object kan zijn. De inhoud van een object kan via de standaard HTTP GET, POST, PUT of DELETE bewerkt worden. REST wordt veel gebruikt bij eCommerce bedrijven. Denk aan eBay en Amazon. SOAP (Simple Object Access Protocol) is in wezen een protocol waarmee XML berichten te versturen zijn. SOAP heeft een aantal voordelen:

- Eenvoudig af te spreken protocol voor uitwisseling. Feitelijk kan een schema (xsd) worden afgesproken voor vastleggen van interface afspraken.
- Goede controle mogelijk op geldigheid van berichten. Afhankelijk van de complexiteit van de uitwisselingsafspraken is geautomatiseerde controle goed mogelijk.
- Veel ontwikkelhulpmiddelen beschikbaar. Het in excel of msword vastleggen van interface afspraken is erkend niet handig. Voor het vastleggen van SOAP berichten zijn enorm veel geautomatiseerde hulpmiddelen voorhanden. Dit voorkomt fouten en verhoogd de productiviteit bij het realiseren van interfaces.

Ondanks de voordelen van SOAP is REST aan een ongekende opmars bezig in de wereld van integratie via web services tussen bedrijven en systemen. De belangrijkste redenen zijn:

- Simpel. Veel overbodige xml markup is bij REST niet nodig. Wanneer veel informatie verstuurd of ontvangen moet worden is REST efficiënter in netwerk gebruik.
- Resultaat direct door mensen leesbaar. Zonder dure testvoorzieningen is zo bijvoorbeeld direct in een browser te zien of een interface een verwacht resultaat geeft.
- Eenvoudig te realiseren. In tegenstelling tot SOAP zijn voor REST vaak helemaal geen tools nodig om snel interfaces en interface afspraken vast te leggen.
- Geen complexe API's nodig voor verwerking van beschikbaar stellen van services.

Door de simpele wijze van integreren zijn REST web services in relatief korte tijd zeer populair geworden. Vanuit beveiliging gezien is REST vaak inzichtelijker, want simpeler en daardoor minder risicovol. Toch is er bij integratie niet één oplossing die altijd het beste is. Los van het gebruik van open standaarden voor integratie, is een grondige analyse van de complete probleemcontext (technisch en niet technisch) cruciaal. In een goede architectuur is te achterhalen waarom voor een bepaalde wijze van integreren is gekozen. Documentatie is echter bij integratie altijd van belang, zeker als niet voor SOAP of REST is gekozen.

5.10 De opkomst en ondergang van J2EE applicatie servers

Veel bedrijfsapplicaties zijn maatwerk. Dit zal altijd zo zijn, ondanks de langdurige semantische discussie of configureren van een standaardpakket voor een bedrijfsapplicatie nu wel of niet verkapt programmeren is. Bedrijfsapplicaties ondersteunen vaak de meest cruciale bedrijfsprocessen. Dit betekent dat beveiliging, schaalbaarheid én beschikbaarheid van urgent belang is. Met het langzaam volwassen worden van Cloud technologie is het noodzakelijk om na te denken wanneer en hoe de eigen java bedrijfsapplicaties gereed zijn voor een migratie naar de Cloud.

Java Enterprise Edition, vaak afgekort met J2EE, is de programmeertaal geworden waar veel grote ondernemingen en overheidsorganisaties de afgelopen 12 jaar systemen mee hebben ontwikkeld. Vanuit architectuur gaf J2EE enorme voordelen, maar slechts enkele zijn in de praktijk ook écht bij deze 3GL taal goed benut. De belangrijkste nadelen van J2EE binnen bedrijven zijn:

- Aanzienlijke complexiteit van het opzetten en beheren van het ondersteunende systeem.
- Specifieke kennis en ondersteunende software nodig een werkende J2EE applicatie daadwerkelijk goed te kunnen implementeren, aangezien interactie op beveiligingsgebied, interactie van de applicatie met de J2EE applicatieservers, webserver en koppeling met een databaseserver zeer nauw luisteren.
- Wisselen van J2EE applicatie server is zeer moeizaam.
- Schalen en beschikbaar houden van de J2EE applicatie vereist vaak extra speciale technische producten met extra kosten.
- Complexe technische afhankelijkheden tussen platform, J2EE applicatie serverplatform en database bij onderhoudsprocessen.
- Hoge investeringskosten en onderhoudskosten, met name voor licentiekosten direct gerelateerd aan de J2EE applicatieserver.

- Hergebruik van eenmaal gerealiseerde componenten voor een bedrijfsapplicatie is tóch lastig gebleken.

Cloud hosting voor J2EE applicaties is mogelijk in de vorm van PAAS (Platform As A Service) of IAAS (Infrastructure As A Service). Belangrijk is om een onderscheid te maken tussen ontwikkelen en productie gebruik van de J2EE applicatie. De belangrijkste bedrijfseconomische voordelen bij Cloud gebruik voor J2EE applicaties zitten in het hosten van de J2EE applicatie.
De belangrijkste voordelen die met Cloud hosting van J2EE applicaties mogelijk lijken zijn:
- Automatisch schaling. Uitbreiden van extra capaciteit (of bij een piek) wordt automatisch verzorgd. Dit kan voor alle typen resources die de J2EE applicatie gebruikt.
- Snellere applicatie deployment in productie. Zeker bij een PAAS oplossing wordt veel complexiteit verborgen, waardoor applicatie ontwikkelaars of beheerders zelf een applicatie kunnen deployen.
- Geen hoge investeringskosten. Alleen daadwerkelijk gebruik wordt in rekening gebracht, conform het defacto Cloud betalingsmodel.

Niet alle traditionele leveranciers van J2EE applicatie servers zijn even voortvarend te werk gegaan met het omarmen van het J2EE Cloud hosting model. De belangrijkste spelers op dit moment voor J2EE Cloud hosting zijn:
- Google App Engine
- AWS Elastic Beanstalk (nog wel in beta met Tomcat ondersteuning voor J2EE, maar veel belovend gezien de volwassenheid van AWS services die onder dit platform worden gebruikt).
- VMWare Cloud Foundry
- CloudBees
- RedHat Open Shift
- Jelastic

Migratie van bedrijfskritische applicaties naar een Cloud hosting model kan eigenlijk niet zonder gedegen architectuur. Aspecten als beveiliging, vendor lock-in, ontwikkelmodel, versiebeheer, beheeraspecten, business monitoring en met name connectiviteit naar andere systemen vereist een integrale aanpak om daadwerkelijk de voordelen te behalen die beloofd worden. Maar de tijd dat middleware specialisten binnen een bedrijf nodig waren voor installatie en configuratie van J2EE applicatie servers om te borgen dat de basis applicatie infrastructuur hoog beschikbaar en beveiligd was lijkt bijna verleden tijd. In de toekomst gaat de nadruk dus nog meer op de applicatie zelf liggen.

5.11 De opkomst en ondergang van Open Source

Open Source is al jaren een bekend begrip onder technische automatiseerders. Niet zelden komen direct emoties naar voren bij het noemen van de term. Open Source Software staat bekend als software waarvoor niet betaald hoeft te worden. Maar nu Open Source software meer en binnen bedrijven wordt ingezet en zeer grote bedrijven hun software als Open Source software op de markt brengen is het oppassen.

Informatiesystemen of applicaties ontwikkeld met Open Source Software (OSS) betekent dat de broncode (source) vrij toegankelijk is. Wereldwijd worden veel cruciale systemen gedraaid op basis van Open Source Software. Vaak simpelweg omdat de noodzakelijke kwaliteit niet door specifieke commerciële pakketten evenaart kan worden. Naast de complete internet infrastructuur wordt Open Source Software dan ook bij iedere grote organisatie wereldwijd ingezet, overheden, militaire organisaties en natuurlijk veel binnen onderzoekscentra. Anno 2014 is het dan ook voor iedere algemene IT behoefte wel een veelvoud van Open Source invullingen te vinden.

De laatste trend waar Open Source Software niet meer weg te denken is, is het gebied van Cloud Computing. Iedere ICT'er die serieus met Cloud Computing bezig is, kent dus naast de begrippen IAAS en PAAS ook de mogelijkheden van ApacheCloud, OpenStack en Eucalyptus en andere Open Source technologieën die Cloud Computing mogelijk maken.

Begin deze maand (februari 2014) werd in Brussel de 14de editie van een van de grootste Open Source conferenties voor ontwikkelaars in Europa georganiseerd, Fosdem. Bezoekers worden niet geregistreerd om ook software ontwikkelaars die privacy belangrijk vinden niet af te schrikken om te komen, maar gezien de enorme drukte in alle zalen was Fosdem 2014 een van best bezochte edities ooit.

Het mooie van een conferentie als Fosdem is dat veel kennis en ervaring wordt uitgewisseld bij inzet in de praktijk van Open Source Software onder mensen die ermee werken en/of ontwikkelen. Omdat ook veel core-developers aanwezig zijn van een aantal prominente OSS projecten, kan een goed inzicht worden gekregen hoe deze projecten werken en waar uiteindelijk geld mee wordt verdiend.

Nu Open Source als bedrijfsmodel meer en meer wordt omarmd door bedrijven die deze eeuw vurige campagnes voerden tegen Open Source is het oppassen. Waar deze zeer grote software bedrijven Open Source in het verleden afdeden als inferieure software met communistische insteek staan deze zelfde bedrijven elkaar nu te verdringen om hun klanten duidelijk te maken wat de voordelen van Open Source Software zijn en waarom zij het beste (OSS)product leveren.

In de basis biedt Open Source Software de perfecte bescherming voor gebruikers van de software tegen de aanbieders. Wordt teveel gerekend voor support dan is overstappen naar een bedrijf wat de ondersteuning wel tegen een redelijk prijs wil leveren geen enkel probleem. Ook bij een faillissement van de software aanbieder is er geen risico, immers met de broncode in de hand is snel een ander bedrijf gevonden om de continuïteit op gebeid van software onderhoud over te nemen. Open Source Software zou juist daarom omarmd moeten worden door de afnemers(de gebruikers) van software en niet zoals nu door de aanbieders van software.

Door het open grote schaal omarmen van Open Source als bedrijfsmodel worden de principes achter Open Source wel genoemd, maar zitten deze principes niet in de haarvaten van de bedrijven die nu Open Source Software aanbieden. De analogie met de 'groene producten' is daarom snel gemaakt: Producten die eerst sterk vervuilend waren zijn nu groen, gezond en zorgen voor behoud van onze planeet. Vaak is het slechts de marketing om het product heen die is veranderd en niet het product of de wijze van produceren. Deze donkergroene invulling van groene principes wordt niet direct verteld natuurlijk. Omzet is omzet.

In Open Source land was er vanaf het begin een strijd tussen GPL en BSD aanhangers. Over deze principe strijd zijn gigabytes aan materiaal te vinden, maar ultra kort samengevat betekent een GPL licentie dat de vrijheid van software code wordt gewaarborgd door een sterke licentie, waarbij de BSD licentie ultieme vrijheid voorstaat door juist niets af te dwingen. Dit betekent dat de BSD licentie geen enkele beperking oplegt. Veel bedrijven die momenteel Open Source software als bedrijfsmodel hebben omarmd doen dit vanuit een BSD licentie. Logisch, want deze geeft minder beperkingen vanuit commercieel oogpunt.

Zelf was en ben ik een groot fan van BSD software (m.n. FreeBSD), maar om de toekomst van Open Source te garanderen ben ik na Fosdem 2014 toch gaan inzien dat GPL software voorlopig de beste garantie kan geven om de continuïteit van bedrijven die Open Source Software in het hart van hun bedrijf inzetten te garanderen. Daarnaast betekent meer en betere GPL software dat innovatie op software gebied blijft bestaan. Tenslotte is het bouwen op kennis van anderen vaak noodzakelijk om weer een stapje verder te komen. Wetenschappers doen niet anders. Want waarom problemen weer oplossen waarvan je zeker weet dat deze al eens zijn opgelost? Wellicht door jezelf. Helaas nog altijd een bekent fenomeen in software land, zeker voor ontwikkelaars die jaren voor een bedrijf hebben gewerkt en bij hun volgende werkgever weer problemen dienen op te lossen die zij eerder ook al hadden opgelost. Nu meer en meer software onder een BSD licentie wordt gemaakt is de toekomst van Open Source onzeker. Een gezond Open Source ecosysteem is namelijk gebaat bij delen van code en hergebruik zichtbaar voor iedereen.

Het aantal software ontwikkelaars wat in de avond uren Open Source Software maakt vanuit principieel oogpunt is namelijk niet zo groot. Veel BSD projecten worden gefinancierd door grote bedrijven als Apple of Google. Bedrijven die vaak een bedenkelijke reputatie hebben op Open Source gebied.

Om te bepalen welke Open Source Software 'veilig' ingezet kan worden binnen een bedrijf is het noodzakelijk om een groot aantal criteria te hanteren. Criteria kunnen bijvoorbeeld zijn:
- Missie van het Open Source project;
- Mate waarin buitenstaanders zich eenvoudig kunnen aansluiten bij de core-developers;
- Transparantie/Openheid van het project (financiering, besluitvorming binnen het project);
- Kwaliteit geleverde product (Qa procedures, automatisch testen, etc);

- Aantal mensen dat 'vrijwillig' bijdraagt aan het project (oa fixes, documentatie, marketing);
- Aantal gebruikers van de software;
- Mate waarin security en performance is meegenomen in de software;

Vanuit architectuur kan inzicht worden gegeven in de voor- en nadelen van inzet van Open Source Software voor een specifieke context. Cruciaal is hierbij dat transparant wordt gemaakt wat de afwegingen zijn om wel of niet voor een bepaald Open Source product te kiezen.

5.12 The next big thing!

Binnen het domein informatietechnologie wordt continue gekeken wat de volgende grote innovatie wordt. Liefst natuurlijk één met niet alleen enorme impact in IT-industrie zelf, maar vooral met enorme impact in de maatschappij. Na internet, facebook, eCommerce en vele zichtbare en onzichtbare IT-toepassingen in bijna iedere denkbare industriesector wordt meer en meer hardop nagedacht over 'de next big thing'. De next-big-thing is wellicht dé heilige graal in IT-land. Ofwel inzet van computers en software die menselijk denkwerk kunnen overnemen.

Automatisering heeft in de vorige eeuw het leven van veel mensen totaal veranderd. Robots en baanbrekende automatisering hebben binnen veel productieprocessen gezorgd dat werk niet meer door mensen wordt gedaan. Rest nu dus alleen nog dat werk waarbij nog altijd menselijk inzicht en beoordelingsvermogen cruciaal is.

Binnen de maakindustrie, procesindustrie maar ook in de agrarische sector is de productiviteit enorm gestegen. Mensen zijn vervangen door machines, machines door intelligent geprogrammeerde installaties of robots en logistiek complexe puzzels lossen we al meer dan 20 jaar succesvol op met de meest krachtige software beschikbaar. Het nadeel tot op heden is dat voor het automatiseren zelf steeds meer en meer diepgaande kennis nodig is. De laatste industrietak waar mensen plaats zullen moeten maken voor automatisering zou daarom wel eens kennisintensief werk kunnen zijn. Want dit is duur, foutgevoelig en productiviteit is lastig schaalbaar. Ofwel heel veel mensen die nadenken over een oplossing van een probleem, brengt een oplossing vaak niet automatisch dichterbij.

Dé heilige graal binnen de IT is daarom al heel lang kunstmatige intelligentie. Echter het ontwikkelen van expertsystemen met zeer lerende algoritmes die zich ook nog aan een specifieke context kunnen aanpassen was lang een wiskundig te complex probleem. En zolang computers nog werken als geavanceerde rekenmachines bleek het wiskundig efficiënt modelleren om nog enig bruikbaar en toepasbaar resultaat te hebben lang onmogelijk.

Aangezien rekenkracht (processorkracht) nog altijd goedkoper en krachtiger wordt, komen nu eindelijk een aantal veelbelovende AI toepassingen dichterbij. AI staat voor Artificial Intelligence ofwel kunstmatige intelligentie. Lerende algoritmes kunnen zijn ontworpen om vanuit een enorme berg voorbeelddata belangrijke taken leren. Dit type computerleren is vaak efficiënter en goedkoper dan zeer ingewikkelde software te maken. Denk bijvoorbeeld aan een algoritme wat in staat is om een gezicht met specifieke kenmerken te herkennen uit willekeurige beelden. Hoe meer voorbeelddata wordt gebruikt, hoe beter het algoritme kan worden afgesteld op de taak die uiteindelijk in het echt verricht moet worden. Nu het veel goedkoper is om data te bewaren en steeds meer en meer data beschikbaar is ('de big-data' ontwikkeling) kunnen lerende algoritmes voor steeds meer triviale problemen worden ingezet.

Echter het succesvol toepassen van zelflerende applicaties vereist nog altijd een substantiële hoeveelheid 'black magic'. Deze kennis is namelijk nauwelijks te vinden in (wetenschappelijke)tijdschriften en boeken. Denk aan de kennis die binnen IT afdelingen van de NSA (National Security Agency) is ontwikkeld met het ontwikkelen van algoritmes om effectief email verkeer te analyseren op terroristische activiteiten.

Mocht je aan de slag gaan met het zoeken of ontwerpen van lerende algoritmes dan kan je al snel de kluts kwijtraken in ongrijpbare en onvergelijkbare wiskundige formules. Het is dan goed om terug te gaan naar de essentie en het algoritme te vergelijken met de simpele formule:

LEARNING = REPRESENTATION + EVALUATION + OPTIMIZATION

Representatie heeft betrekking op de hypothese die getoetst moet worden. De evaluatie heeft betrekking op het vermogen om goede antwoorden van foute te kunnen onderscheiden. De optimalisatiefactor heeft betrekking op de efficiency van het leeralgoritme. Dé heilige graal in kunstmatige intelligentie is om uiteindelijk algoritmes te ontwerpen die in staat zijn om te generaliseren of conclusies te trekken buiten het domein van een voorbeelddataset. Echte data dus, vanuit de echte wereld om zo nieuwe verbanden te leggen en nieuwe inzichten te ontwikkelen. Foute beslissingen door kunstmatige intelligentie kunnen onze veiligheid en gezondheid ernstig in gevaar brengen. Daarom zien we ook dat het vervangen van complexe taken door computer langzaam en stapsgewijs gaat. Zelfrijdende auto's, treinen en vliegtuigen zonder mens aan het stuur vinden we nog een beetje eng. Hoewel dit voor software algoritmes nog redelijk eenvoudige taken zijn. Complexere domeinen waar nu nog veel kenniswerkers werken, zoals het ontwerpen van een nieuwe producten, complex administratief werk, zijn kandidaat om met het beschikbaar komen van nieuwe technologische mogelijkheden overgenomen te worden door computers.

De vraag is natuurlijk wat dit betekent voor de kennis, kunde en competenties van de huidige kenniswerkers in de IT-sector in 2024?

5.13 Big Data Big Problems?!

Meer en meer wordt de term 'Big Data' genoemd als enorme vooruitgang voor iedereen! Soms terecht, soms door een bedrijf om aan te geven ook innovatief bezig te zijn, maar ook als gevaar voor onze privacy en burgerrechten. In de IT staat Big Data vaak nog synoniem voor een 'groot probleem' om de omgang met enorme hoeveelheden data aan te duiden. Maar betekent Big Data nu Big Problems of vooral veel nieuwe mogelijkheden, mits je de problemen en valkuilen kent?

Iedere dag wordt een enorme hoeveelheid data gecreëerd. In tegenstelling tot een paar jaar geleden wordt bijna alle data tegenwoordig opgeslagen. Natuurlijk gedreven door de veel goedkopere kosten van dataopslag, maar nog meer door de winst die potentieel uit data te halen is. 90% van de data die wereldwijd nu is opgeslagen is afkomstig vanuit data, verzameld in de laatste twee jaar. Data kan werkelijk overal vandaan komen. Denk bijvoorbeeld aan:

- Data afkomstig vanuit navigatie apparatuur (auto, gps horloges etc.).
- Data afkomstig vanuit sociale media (twitter, facebook, whatsapp etc)
- Data afkomstig vanuit klimaatsensoren, luchtkwaliteitssensoren of satellietbeelden.
- Data afkomstig vanuit alle camera beelden (wegen, tunnels private gebouwen, vliegvelden etc.)
- Data afkomstig van online website en Apps (inclusief muisklikken door gebruikers uitgevoerd)
- Data opgeslagen door telecommunicatiebedrijven (GPS data, gespreksdata, kijkgedrag bij digitale televisie).
- Data vastgelegd bij chiptransacties (OV-chip, credit card, betaalverkeer etc)

Alleen al voor Nederland gaat het om een enorme hoeveelheid data wat dagelijks wordt gegenereerd én bewaard!

Big Data lijkt wel de nieuwe goudkoorts. We slaan alles op. Later zit er wellicht zeer waardevolle informatie tussen, wellicht verkregen door correlatie, waardoor een winst in harde euro's te behalen is.

Big data kent in essentie drie dimensies:
1- Big data komt in één maat: XXL. Veel ondernemingen spenderen enorm veel geld om alle data die ze verzamelen of 'vangen' op te slaan. Vaak met als doel om met behulp van analyses vanuit deze data uiteindelijk nog meer winst te maken.
2- Big data komt snel binnen. Een hik in de opslag of verwerking van data kan ernstige gevolgen hebben. Denk aan het continue real time scannen van digitale beelden op gezichtsherkenning om de zoekgeraakte buurman op het vliegveld te kunnen herkennen. Of een poortje op een metrostation wat even niet open wil.
3- Variëteit. Big data is vaak niet gestructureerd. Het kan tekst zijn, video, online klikgedrag, computerlogfiles,of bloeddrukwaardes bij medische sensoren.

Omgaan met Big data is meer dan een uitdaging. Het is een uitdaging om patronen te vinden in ongestructureerde data. Het real-time opslaan van enorme hoeveelheden per seconden is een technische uitdaging. Een probleem kan pas goed worden opgelost als echt duidelijk is welk probleem je nu daadwerkelijk wil oplossen. Dit geldt zeker voor 'Big Data' problemen.

In de IT worden Big Data problemen veelal opgelost met nosql databases. Om de voordelen van nosql en Big Data te kunnen toepassen is kennis van de traditionele wijze van opslag handig. Zeker om te kunnen beoordelen welk probleem nu daadwerkelijk met een nosql database wordt opgelost. De meeste veel gebruikte nosql databases komen vanuit het Open Source domein. Vaak gedreven door nieuwe bedrijven op de achtergrond. Een van de bekendere nosql database is MongoDB. Een technologie waarmee online snel veel data kan worden verzameld of getoond is NodeJS.

5.14 SPEEDY

Snelheid van websites en web applicaties is en blijft belangrijk. Door de enorme groei van internet en toename van internettoepassingen blijft de druk op schaarse netwerkcapaciteit toenemen. Zeker met een verschuiving naar SAAS cloud computing modellen wordt deze trend alleen maar sterker. Jaren geleden is gelukkig al bedacht dat het tijd is om het oude HTTP protocol te vervangen. Internet is namelijk wel veel HTTP, maar binnen de architectuur van internet is HTTP een onderdeel. Echter wel een fundament.

Het HTTP1.1 protocol heeft in 1999 via RFC2616 formeel status gekregen en is eigenlijk nooit meer gewijzigd. De belangrijkste eigenschappen van HTTP/1.1 zijn: Compressie, gebruik van headers maar helaas ook slecht connectie management. Slechts één request kan gelijktijdig plaatsvinden (half duplex). Daarnaast is beveiliging optioneel.

Door het toenemende gebruik van allerlei devices verbonden met internet wordt de noodzaak om afscheid te nemen van het http protocol groter. Performance problemen oplossen door:
- web pagina's te optimaliseren;
- plaatjes drastisch te verkleinen;
- caching netwerken gebruiken;
- tunning en tweaking van apache (of een andere webserver);
- code optimalisatie;
- database tuning en natuurlijk
- ruzie maken met netwerkbeheerders;

was het minimale repertoire om een website beter te laten performen. Ondanks dat Drupal en andere geavanceerde CMS systemen allemaal geavanceerde caching mechanismes kennen, is het toch nog veel engineering werk om een site te laten performen. Een mooi ontwerp zit helaas vaak nog altijd alleen maar in de weg.

Stuwende kracht achter een alternatief voor het HTTP protocol is Google. Waarschijnlijk uit bittere noodzaak om de eigen Google Office Suite te laten performen of Gmail nog sneller te maken is Google in 2009 gestart met SPDY. SPDY wordt uitgesproken als Speedy. Het belangrijkste doel van SPDY is het reduceren van de laadtijd van webpagina's. De belangrijkste eigenschappen van SPDY zijn:

- Multiplexing.
- Compressie
- Prioritering
- Beveiliging (encryptie en authenticatie)
- Pushen van data naar een client

SPDY voegt een sessie laag toe boven op SSL waarmee verschillende concurrent streams over een enkelvoudige TCP connectie gestuurd kunnen worden. De gebruikelijke http GET en POST blijven behouden. SPDY specificeert een nieuw frame voor het encoden en versturen van data over het netwerk.

Inmiddels hebben de ontwikkelaars van SPDY hun kennis en expertise gedeeld met het HTTP/2 protocol team. De nieuwe http/2 maakt gebruik van veel zaken die binnen SPDY al zaten. Om niet een eigen standaard te houden heeft Google aangekondigd dat SPDY vervangen wordt door de nieuwe (open) standaard http/2.

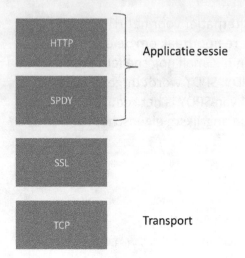

Applicatie sessie

Transport

Recent (september 2011) heeft ook Mozilla een testversie van de Firefox browser uitgebracht met ondersteuning voor SPDY. Google zelf heeft natuurlijk SPDY al sinds versie 6 default in Chrome ingebouwd. Daarnaast ondersteunen alle Google beveiligde sites SPDY. Omdat veel landen geen breedband (mobiele) netwerken kennen wordt natuurlijk hard gewerkt aan Android ondersteuning voor SPDY.

Of SPDY daadwerkelijk naast Google door meer bedrijven serieus wordt opgepakt is nog zeer onduidelijk. Ondersteuning is op veel vlakken (tools, webservers, proxies, clients, browsers) nog erg mager of nog totaal afwezig. Met de komst van SPDY op grote schaal zullen performance problemen natuurlijk niet verdwijnen. Maar wel langer onopgemerkt blijven. Ondanks een potentiële snelheidswinst van 40 tot 60% blijft een goed ontwerp van een web applicatie vooraf noodzakelijk. Dit omdat problemen achteraf oplossen duurder en veel complexer is.

5.15 Agile architectuurontwikkeling: Evolutie, revolutie of hype?

Meer en meer organisaties kiezen voor een agile aanpak voor ontwikkeling. Integraal onderdeel is dan ook het ontwikkelen van een architectuur vanuit een agile methodiek. Om de juiste keus te maken voor ontwikkeling van een systeem is onderzoek naar de context waarbinnen ontwikkeling plaats moet vinden echter noodzakelijk. Onder systeem wordt hier verstaan het geheel van een nieuw of aangepast bedrijfsproces, inclusief procedures en IT voorzieningen.

Typische procesmodellen voor ontwikkeling zijn:
- Ad-hoc development methode: Dit kent vaak als nadeel dat ontwikkeling chaotisch plaats vindt en volkomen rust op kennis en vaardigheden van betrokken individuele medewerkers binnen het proces.
- De Waterval methode: Ondanks dat deze methode zeer veel jaar met enorm succes is gevolgd voor het produceren van enorme hoeveelheden 'high-quality' systemen ligt deze methode tegenwoordig onder druk. Dit komt vooral door het rigide ontwerpproces en de strakke procedures die vaak als inflexibel worden gezien. Het ontwikkelen van een werkend systeem vanuit de Waterval methode kan een lang en pijnvol proces zijn, waarbij pas in een laat de contouren van een werkend systeem verschijnen.
- Iteratieve methode: Dit is in essentie de Waterval methode, maar dan opgedeeld in een aantal mini-waterval processtappen (iteraties). De uitdaging bij een iteratieve aanpak is communicatie en actieve betrokkenheid van een gebruikersgroep gedurende het gehele traject. Een erkend nadeel bij deze methode is de 'scope creep', omdat bij iedere iteraties nieuwe eisen/wensen worden toegevoegd vanuit gebruikers.

- Prototyping:Deze methode is ontwikkeld vanuit de aanname dat het vaak ondoenlijk is om alle requirements vanaf de start van een project te weten. Kritiek op deze methode is vooral dat prototyping tot valse verwachtingen kan leiden. Een klant ziet een systeem dat klaar is, maar in feitelijk is dit niet gereed. Prototyping kan ook leiden tot slecht ontworpen systemen omdat het doel van prototyping vaak snel ontwikkelen is. Globale integrale aspecten, zoals performance, security en integratie zijn vaak onderbelicht.
- De exploratory methode : Dit model is zeer bruikbaar in situaties waarin het zeer moeilijk of onmogelijk is om vooraf requirements te identificeren voor een nieuw systeem. Naast de nadelen die ook geleden bij prototyping is een extra nadeel van deze aanpak dat het meten of voorspellen van kosten efficiëntie zeer lastig is.
- Spirale aanpak: Deze methode is ontwikkeld om de beste elementen vanuit de waterval aanpak en prototyping te combineren. De term 'spiraal' beschrijft het proces dat gevolgd wordt gedurende de ontwikkeling van een systeem.

Software ontwikkelen is een verzameling van duidelijk gespecificeerde en vaak goed voorspelbare stappen. Systeemontwikkeling omvat software ontwikkeling maar daarnaast ook nog een aantal andere disciplines, zoals organisatieontwerp en procesontwerp. Voor het integraal inzetten van een moderne agile aanpak binnen een groot project, zoals bijvoorbeeld:
- Crystal
- XP (Extreme programming)
- RUP (Rational Unified Process)
- SCRUM
- FDD (Feature-Driven Development)
- DSDM (Dynamic System Development Method)
- Adaptive Software Development

Is een goede diagnose van de context en kennis van de voordelen en nadelen van de verschillende procesmatige ontwikkel methodes cruciaal om de juiste kwaliteit binnen gestelde tijd en budget op te leveren. Zeker voor architectuurproducten!

5.16 Goodbye Scrum...Welkom DevOps!

In business IT land zijn we gek op methodes die gouden bergen beloven. Want een methode waarin definitief wordt afgerekend met mislukte IT projecten, te hoge kosten of een te lange ontwikkeltijd wordt gelukkig nog altijd direct omarmd. Validatie van de methode in de praktijk of het ontbreken van wetenschappelijke case studies waarin de relatie tussen onze business IT problemen en de methodiek wordt gelegd, nemen we op de koop toe.

Nu binnen veel organisaties de rookwolken rond de vaak turbulente invoering van scrum en daarmee gepaard gaande scrum-teams aan het optrekken zijn, is het natuurlijk de hoogste tijd voor de next big step. Graag wel een beetje snel, want voordat je het weet blijkt dat de zorgvuldig gekozen scrum methodiek toch niet het gewenste business resultaat geeft. Dus voor wie het nog niet weet: Scrum is voltooid verleden tijd!

De volgende methodiek ligt in het verlengde van scrum en heet DevOps. Wetenschappelijk is DevOps eigenlijk niets nieuws onder de zon, maar een nieuwe IT methodiek kenmerkt zich door het ferm afzetten tegen alle voorgaande methodieken en het nu wel kunnen oplossen van alle problemen voor een organisatie. Vanzelfsprekend mag de nieuwe methodiek alleen ingevoerd worden door internationaal geaccrediteerde organisaties en geldt de garantie voor succes alleen indien de gebruikers zich strikt aan de voorwaarden houden. Specifieke trainingen, boeken en specifieke DevOps conferenties maken de methodiek compleet.

Wat is DevOps?

Binnen de DevOps methodiek ligt de focus op samenwerking. Echter in tegenstelling tot andere methodieken ligt de nadruk op samenwerking binnen de gehele organisatie om het gewenste resultaat te krijgen. Het gaat dus niet langer om samenwerking binnen één team of afdeling, maar de gehele organisatie staat centraal. Belangrijkste waarin DevOps onderscheidend is, is de samenwerking tussen ontwikkeling en IT operationsafdelingen (beheer). Ofwel Dev (Development) en Ops (Operations). DevOps kan dus worden beschouwd als een systeembenadering waarin daadwekelijk de gehele organisatie centraal staat. Dit om beter en sneller IT om bedrijfsdoelstellingen in te vullen. De term DevOps bestaat sinds 2009, voortgekomen vanuit een serie seminars georganiseerd in België om ontwikkelaars en beheer beter met elkaar te verbinden.

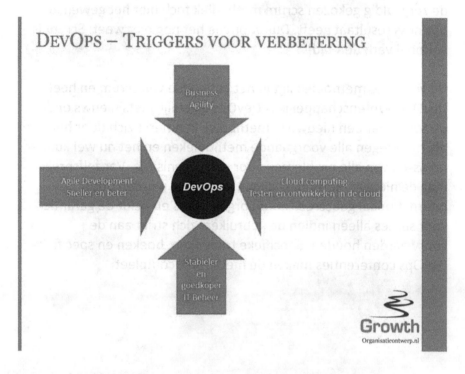

Vanuit cloud en agile ontwikkelingen is DevOps terrein aan het winnen. De belangrijkste principes van DevOps zijn:

- Mogelijk maken van snelle wijzigingen in business IT diensten.
- Reduceren van risico's, kosten en verbeteren van kwaliteit.
- Samenwerking binnen alle disciplines.
- Ontwikkelen en testen tegen een productie 'like' systeem.
- Iteratief ontwikkelproces met kort cyclische herhaalbare betrouwbare implementaties in productie.
- Continue monitoring en validatie van operationele kwaliteitskarakteristieken.

Centraal binnen DevOps staat het automatiseren, testen, plannen en vastleggen van alles. Een pure noodzaak om effectief winst te halen van Cloud oplossingen.

Toegevoegde waarde van architecten

Voor architecten geldt natuurlijk de vraag bij invoering van DevOps: wat is mijn rol hierin? Aangezien de toegevoegde waarde van architecten voor business IT alignment gelukkig minder en minder ter discussie staat, wordt het antwoord op deze vraag op een natuurlijke wijze ingevuld. En omdat binnen DevOps de nadruk op het samenwerken tussen alle disciplines ligt, zal de strijd om de rol van de architect minder zwaar zijn dan bij scrum.

DevOps heeft veel elementen die bij scrum en andere agile methodes onderbelicht zijn gebleven. Dit komt vooral door de brede systeembenadering die voor DevOps geldt, namelijk de organisatie als geheel. Vanuit de wetenschappelijke literatuur is gelukkig veel bekend over de valkuilen bij het invoeren van een op een systeembenadering gekozen methodiek. Zo is het ook bij DevOps noodzakelijk om een gedragsverandering te realiseren. Te starten vanuit het hoogste managementniveau.

Mocht je ook na DevOps alweer toe zijn aan iets nieuws: Kanban systemen en lean methodieken zoals six-sigma lijken toch ook voor een betere IT voortbrenging wonderen te kunnen doen. Oude, maar wellicht dus toch niet zo versleten methodieken...

6 Over de Auteur

Maikel is de drijvende kracht achter Organisatieontwerp.nl en NoComplexity.com. Maikel heeft meer dan 20 jaar relevante kennis en ervaring op gebied van IT, management en organisatie. Maikel is gek op het oplossen van problemen waar IT en organisaties elkaar raken. Na een zeer gedegen studie aan de Technische Universiteit Delft is Maikel zijn loopbaan gestart op de R&D afdeling bij het ooit roemruchtste en mooiste computerbedrijf van Nederland, Tulip Computers. Tijdens de opkomst van het echte internettijdperk heeft Maikel in verschillende rollen en projecten meegewerkt aan een beter Nederland binnen het hart van Nederlandse overheid, de Belastingdienst. Sinds 2008 heeft Maikel zijn eigen bedrijf, waar de focus ligt op het ontwerpen en realiseren van complexe business IT projecten.

Door Maikel's up-to-date actuele inhoudelijke IT kennis en hands-on ervaring op verschillende technologieën is Maikel in staat om innovatieve IT technologieën met succes in een bestaand IT landschap te integreren. Maikel heeft ruime kennis en ervaring met de laatste technologische mogelijkheden op gebied van infrastructuur, cyber security, BI, big data, messaging-, cloud-, hosting-, opslag- en internetgebied. Daarnaast is Maikel goed bekend met gebruik van open source (OSS) oplossingen binnen bedrijven. Maikel is TOGAF 9 Certified architect en CISSP gecertificeerd.

Maikel is als architect zeer goed op de hoogte van de laatste technologische ontwikkelingen. Naast relevante praktijkervaring heeft Maikel een gedegen opleidingsachtergrond. O.a.:
- Msc (ir) Elektrotechniek – Technische Universiteit Delft
- Msc (drs) Bedrijfswetenschappen – Rijksuniversiteit Groningen
- Master Business Management (MBM) – TSM Business School

Belangrijkste aandachtsgebieden van Maikel: Architectuur, (IT) ontwerpen, Open Source, Integratie (SOA), Beveiliging , Open Innovatie, Nieuwe Management Concepten en Internet. Maikel is o.a. TOGAF9 en CISSP Certified.

Maikel spreekt regelmatig op seminars en conferenties.

Meer informatie:
https://www.organisatieontwerp.nl
https://nocomplexity.com